HONGKONG
PRIVAT

SOPHIE BENGE
FOTOS FRITZ VON DER SCHULENBURG

HONGKONG PRIVAT

完 25 WESTÖSTLICHE INTERIEURS 完

CHRISTIAN VERLAG

Umschlagfoto vorn: Ein antikes Kunstobjekt aus der Zeit der Han-Dynastie hebt sich wirkungsvoll von der modernen Skyline Hongkongs ab. (S. 86)

Umschlagfotos hinten, von links nach rechts: S. 124, 135, 23 (obere Reihe); S. 97, 100/101, 73 (mittlere Reihe); S. 186, 155, 182 (untere Reihe)

Legenden zu den eingestreuten Hongkong-Fotos siehe S. 216

Aus dem Englischen übersetzt von Dr. Eva Dempewolf
für GAIA Text, München
Satz und Produktion: GAIA Text, München
Umschlaggestaltung: Caroline Georgiadis

Die Originalausgabe mit dem Titel *Private Hong Kong* wurde erstmals 1997 in Hongkong von Scriptum Editions, einer Trading Division der Co & Bear Productions Ltd., St. Peter Port, Guernsey, veröffentlicht

Die Originalausgabe wurde entwickelt von
Co & Bear Productions (U.K.) Ltd., London

Design: Christian Hammer

Lithographie: David Bruce Imaging
Druck und Bindung: Officine Grafiche DeAgostini
Printed in Italy

ISBN 3-88472-354-5

MANUF

INHALT

VORWORT

WO ORIENT UND OKZIDENT SICH TREFFEN

CHINESISCHE EINFLÜSSE

RENDEZVOUS IN HONGKONG

REGISTER

VORWORT

前言

Auf die Frage, was sie bewege, mitten in der Nacht aus dem Bett zu steigen, antworteten bei einer jüngst in Hongkong durchgeführten Umfrage zehn Prozent der chinesischen Männer, sie wollten sich ein Glas Wasser holen. Weitere zehn Prozent mussten auf die Toilette. 80 Prozent gaben an, sie stünden auf, um nach Hause zu gehen. Dies, so meine ich, zeigt beispielhaft, welchen Stellenwert das eigene Zuhause – und, wenn man so will, der Haussegen – in Hongkong genießt.

Kein Wunder also, wenn sich Hongkonger Ehefrauen doppelt anstrengen, ihren Männern ein so schönes Heim zu bereiten, dass sie, Chinesen oder nicht, immer wieder gerne zurückkehren – und sei es mitten in der Nacht.

Dieser prächtige Band gewährt Einblick in eine Reihe solcher wunderschöner Häuser, die in edler Stilvielfalt möbliert sind – einige unverhohlen westlich, andere traditionell chinesisch und wieder andere ein buntes Kaleidoskop aus Ost und West.

Diese spannende Synthese von Orient und Okzident, fernöstlichem Flair und abendländischer Eleganz macht das Typische der hier vorgestellten Wohnungen aus, und wohin würde es besser passen als nach Hongkong, jene im innersten chinesische Metropole (95 Prozent der Einwohner sind Chinesen), die ein Besucher vom Mars aus der Luft leicht mit New York verwechseln könnte.

Dabei gibt es in dieser Stadt noch eine ganze Reihe weiterer ähnlicher Widersprüchlichkeiten: Man redet viel über Feng Shui, aber kaum weniger über Rolls Royce; die Leute kauen Entenfüße und schlürfen Schwalbennester, löffeln aber auch Kaviar und beißen in T-Bone-Steaks. Und chinesische Feste wie Ching Ming und Chung Yeung werden mit kaum größerer Begeisterung gefeiert als etwa das christliche Ostern.

Hongkong ruht also recht komfortabel an der Spitze einer gewaltigen kosmopolitischen Mondsichel. So komfortabel, dass es in der Tat schon fast an Arroganz grenzt und die Stadt seit langem den Neid ganzer Nationen auf sich zieht: Sie hat den weltweit niedrigsten Steuersatz, importiert mehr Cognac als jeder andere Ort auf unserer Erde und rangiert, was die Ausfuhr von Textilien angeht, an zweiter Stelle. Dazu kommen einige andere überraschende Rekorde: So kann Hongkong mit der höchsten Pro-Kopf-Benutzung öffentlicher Bibliotheken und dem teuersten Baumerhaltungsprogramm aufwarten und zählt darüber hinaus zu den führenden Aufzuchtzentren vom Aussterben bedrohter Arten. 80 Prozent der Fläche Hongkongs sind ländlich geprägt, über die Hälfte der Bevölkerung lebt in bezuschussten Wohnungen – und Hongkongs Bewohner dürfen mit der höchsten Lebenswartung weltweit rechnen!

Vor dem Hintergrund dieser schillernden Statistiken führen einige Hongkonger, wie Sie auf den folgenden Seiten sehen werden, ein überaus luxuriöses Leben. Die meisten Wohnungen waren mir nicht neu, weil ich die Besitzer kenne, und wenn ich jetzt die Fotos durchgehe, erinnere ich mich wieder daran, wie ich die jeweilige Einrichtung bei meinem ersten Besuch dort gemustert habe. Es ist ein Jammer, dass nicht mehr Badezimmer in diesen prunkvollen Band Eingang gefunden haben, denn gerade diese kleinen Räume sagen eine Menge über den Geschmack der Eigentümer aus. Aber natürlich sind Wohn- und Speisezimmer die wahren Glanzstücke jedes Hauses, und ich beobachte jedesmal gerne und mit großem Vergnügen, wie der Gastgeber und seine Gemahlin mit ihren Möbeln umgehen. Machen sie sich Gedanken um den Teppich? Sorgen sie sich, ob Gläser oder Tassen auf den Tischen Ränder hinterlassen? Suchen sie hektisch nach einem größeren Aschenbecher oder geraten gar in Panik, wenn keiner griffbereit ist und ein langer Glutrest am Ende der Zigarette eines redseligen Gastes gefährliche Neigung annimmt? Viel Spaß macht mir auch ein anderes Spiel, bei dem ich nach der folgenden Checkliste vorgehe:

1. Gibt es Bücher in dem Zimmer (falls nicht, ist das ein ganz schlechtes Zeichen), und wenn ja, was für welche? (Neue, unbefleckte Lederrücken oder gar Attrappen sind absolut indiskutabel, besser schon, wenn Gebrauchsspuren verraten, dass sie gelesen wurden, optimal Romanciers und Philosophen und ab und zu ein Lyrikband dazwischen.)

2. Ist der Fernseher in einem Möbelstück versteckt? (Wirkt immer halbseiden, selbst wenn er in einem antiken Schrank steht – Gott bewahre in einem neuen, maßgeschneiderten wie im Hotel.)

3. Welche Musik ist aufgelegt? (Kenny G und Vivaldis *Vier Jahreszeiten* sind schlichtweg unerträglich, *Nessun Dorma* und Mozarts 21. etwas zu abgeleiert; über die Beatles und abendfüllende Opern läßt sich streiten. Am besten ist freilich der Verzicht auf jegliche musikalische Untermalung.)

4. Trägt der Hausherr eine Krawatte und ist die Gastgeberin wie zum Ausgehen geschminkt? (Falls zweimal ja, wird das Dinner mit großer Wahrscheinlichkeit zum Davonlaufen.)

5. Werden die Frauen vor den Männern bedient? (Ein ausgesprochen dämlicher Brauch, da er den Serviervorgang im Ganzen unnötig verlangsamt und die Gerichte kalt werden lässt, was bei chinesischer Küche besonders stört. Als Maxime fürs Auftragen sollte gelten: *celerius quam asparagi coquuntur* – schneller als man Spargel kocht.)

6. Gibt es antike Uhren, die funktionieren und auch schlagen? (Falls ja, volle Punktzahl.)

7. Welcher Art sind die Bilder? (Große Lithografien, ganz gleich von wem, scheiden von vornherein als indiskutabel aus, ebenso schlecht gerahmte Gemälde. Oft sagt die Rahmung mehr über den Geschmack aus als das Kunstwerk selbst. An Wänden angebrachte Leuchten zeugen von Kleingeist – sie sollten immer direkt am Rahmen selbst befestigt sein –, und Deckenstrahler geben Anlass zu der Vermutung, dass das Gemälde nicht so kostbar ist, wie der Besitzer glauben machen möchte.)

Genauso viel sagend wie ihr Umfeld ist meiner Ansicht nach aber auch das Verhalten der Leute in ihren eigenen vier Wänden. Natürlich kann sich der Leser eines solchen Buches schwerlich vorstellen, wie es ist, wenn diese hübschen Bilder mit Leben erfüllt sind, die Räume tatsächlich benutzt werden. Immerhin reicht ein solcher optischer Streifzug durch die Wohnungen aus, die Vorstellungskraft anzuregen, wenn auch nicht jeder so aufmerksam sein kann wie beispielsweise Henry James, dessen peinlich genaue Beobachtungsgabe mein Bewusstsein dafür geschärft hat, worauf sich besonders zu achten lohnt. In seinen *English Hours* beispielsweise notierte er:

„... Das Haus ist ... angefüllt mit den wundersamsten und herrlichsten Kleinigkeiten ... Was an materiellen Dingen das Leben angenehmer, nobler und gefälliger zu machen vermag, wurde hier in einer Fülle zusammengetragen, die das Ganze in ein Mahnmal der Vergangenheit verwandelt. Während ich so von einem reich ausgestatteten Raum zum nächsten schritt und diese Gegenstände betrachtete, wuchs in mir jene soeben angesprochene Sehnsucht nach Romantik und Schwärmerei gleichsam ins Unermessliche ...“

Natürlich verfügen nur wenige Menschen über ähnlich verschlungene Gedankengänge wie Henry James, doch Häusern und Einrichtungen zu begegnen, die die Sinne erregen, ist immer ein Gewinn – selbst wenn sie manchmal Anlass zu Irritationen geben, weil man auf dieses oder jenes nicht selber gekommen ist. Wie formulierte es Shakespeare einst so treffend:

„Oh, welch bittres Los, das Glück durch die Augen eines anderen ansehen zu müssen.“

DAVID TANG

TOM WOLF

EDLES ERBE DER MING-DYNASTIE

明的真意

GEGENÜBER *In einer Ecke des Wohnraums hängt ein Ölgemälde der modernen chinesischen Künstlerin Lin Fengmian, deren Stil nach einem Frankreich-Aufenthalt in den 20er Jahren dem Einfluss der Impressionisten folgte.*

OBEN *Ein geradliniger Stuhl aus der Ming-Zeit mit dem traditionellen Sitzgeflecht und stabilisierenden Verstrebungen. Mitte der 90er Jahre stieg die Nachfrage nach den seltenen Ming-Stühlen drastisch an.*

Im Herbst 1996 versteigerte Christie's in New York antikes chinesisches Mobiliar aus einem Museum in Kalifornien für insgesamt 11,2 Millionen US-Dollar – die höchste Summe, die in diesem Jahrzehnt für ein chinesisches Kunstwerk erzielt wurde. Das Ergebnis dieser Auktion ist sichtbares Zeichen für die stetig wachsende Nachfrage nach Möbelstücken aus der Ming-Zeit, die ungefähr 15 Jahre zuvor, nach Öffnung des vielzitierten Bambus-Vorhangs, erstmals in größeren Mengen ins Ausland gelangten und schon bald die Herzen westlicher Sammler höher schlagen ließen. Im Frühjahr 1997 bereicherte das New Yorker Metropolitan Museum of Art seine China-Abteilung um Stücke der Ming-Dynastie, und im Kunstmuseum von Shanghai wurde 1996 die erste ständige Möbel-Ausstellung in China eröffnet.

Dass das Interesse an Einrichtungsgegenständen aus der Ming-Zeit überhaupt erwachte und der Markt dafür seither beständig expandiert, ist in nicht geringem Maße der in Hongkong ansässigen Kunsthändlerin Grace Wu Bruce zu verdanken. Grace sagt, sie sei rein zufällig auf dieses Sujet gestoßen, dessen Schönheit sie aber augenblicklich derart faszinierte, dass sie zu einer leidenschaftlichen Sammlerin wurde und aufgrund ihrer Sachkenntnis, weitreichender Kontakte und ständigen Verlangens

nach neuen Stücken schließlich damit zu handeln begann. Ausgelöst wurde der Siegeszug 1985, als der Pekinger Antiquitätenpapst Wang Shixiang ein Standardwerk über klassisches chinesisches Mobiliar veröffentlichte. Das Restaurierungs-Zentrum, in dem Grace tätig war, stieg rasch zu einer Galerie auf, und sie selbst machte sich bei Sammlern in nah und fern einen Namen.

„Das Abendland entdeckte den Reiz der chinesischen Wohnkultur noch vor den Chinesen selbst", meint Marc Wilson, Leiter des Nelson-Atkins-Museums in Kansas City, USA. Amerikanische und europäische Diplomaten und Kunsthistoriker, die zwischen den 30er und den 50er Jahren in Peking lebten, nahmen, als sie China zu Beginn der Kulturrevolution verließen, ihre Sammlungen mit ins Ausland. Bis sich China 30 Jahre später wieder öffnete, blieb der Handel im Westen eingeschränkt. Bei der chinesischen Bevölkerung, die der Malerei, Kalligrafie und Töpferei den Vorrang gab, scheint Ming-Mobiliar keinen herausragenden Stellenwert genossen zu haben.

Das goldene Zeitalter chinesischer Möbel brach 1567 an, als erstmals das dekorative honigbraune Huanghuali-Holz nach China gelangte, und endete mit dem

GEGENÜBER *Hier wurde ein Ruhebett aus der Ming-Zeit zum Couchtisch umfunktioniert. Abgesehen von formellen Anlässen dienten Hocker wie diese als Sitzgelegenheiten. Die Schriftrollen sind Werke von Harold Wong, der mit Arbeiten in amerikanischen Museen vertreten ist.*

RECHTS OBEN *Wie die meisten* Jiazichuang *genannten Baldachinbetten verfügt auch dieses im 16. Jahrhundert gefertigte über abnehmbare Pfosten. Ähnliche Betten, deren Vorhänge abends herabgelassen wurden, erscheinen auf vielen Zeichnungen der Ming-Zeit.*

RECHTS UNTEN *Ein Schiffssekretär (18. Jahrhundert) aus Hong-Mu-Holz ziert die Ecke des Gästezimmers. Auch der Hocker am Fußende des Bettes datiert aus dem 18. Jahrhundert.*

Untergang der Ming-Dynastie, deren letzter Kaiser sich 1644 das Leben nahm.

Im Reich der Mitte geht das Sprichwort: „Westliche Tischler sind Schmiede, chinesische hingegen Goldschmiede." Wie nicht anders zu erwarten, ist Graces Wohnung ein Schatzkästchen mit ausgewählt schönen Sitzmöbeln, Tischen und Schränkchen, deren satte Patina mit den gleichermaßen sattfarbigen Wänden und übrigen Möbelstücken aufs Schönste harmoniert.

Das Mobiliar, vorwiegend 16. und 17. Jahrhundert, ist sämtlich aus tropischen Edelhölzern gefertigt und wird durch Accessoires und Kunstobjekte aus derselben Epoche ergänzt. Hinzu kommen erstklassige chinesische Kalligrafien und Gemälde. Dank jahrelanger Tätigkeit in der Branche und ihren Kontakten zu Ming-Liebhabern in aller Welt erfährt es Grace stets als eine der Ersten, wenn Stücke neu auf den Markt kommen. Einige der schönsten konnte sie für sich selbst erwerben, und sie zieren heute ihr Heim. „Klarheit der Form, vollkommene Proportionen und herausragende Handwerksarbeit sprechen westliche und östliche Sammler gleichermaßen an. Keine andere Kultur hat Möbelstücke hervorgebracht, in denen sich Design und Material ähnlich perfekt durchdringen", urteilt sie zu Recht. 完

GEGENÜBER *Prunkstücke des Wohnzimmers sind zwei edle Stühle aus der Ming-Zeit. Auf der Ming-Kleidertruhe sind ein Pinselständer aus der Yongzheng-Periode (18. Jahrhundert) und eine aus Baumwurzeln gearbeitete Skulptur zu bewundern.*

OBEN *Kalligrafie gilt in China als höchste Kunstform. Diese beiden Schriftrollen stammen von Lin Sanzhi, das Bild hinter dem Tischchen von Zhang Daqian. Die einfarbig glasierten Keramiken entstanden im 17. Jahrhundert (Kangxi-Periode), das Tischchen selbst ist von exquisiter Schlichtheit, mit massiver polierter Platte und schlanken Beinen.*

RECHTS OBEN *Schrägwandige Trapezschränkchen zählen zu den genialsten Entwürfen der Ming-Zeit. Die von der Deckplatte zurückgesetzten Seitenteile verbreitern sich in einer leichten Schrägung und halten die Türen ganz ohne Scharniere.*

RECHTS *Zu Graces Sammlung chinesischer Kunst gehört neben Werken von Wu Guanzhong und Lin Sanzhi ein Porträt der Hausherrin von Chiu Ya Tsai.*

嘉木陳堂宇
辛未元旦 大吉

Riso

MEHR RAUM IM RAUM

变化多端

Kamwa und Michelle Chan gelten als Pioniere individueller Wohnkultur in Hongkong. In ihrem 1995 eröffneten Geschäft Iglu, dem ersten Lifestyle-Shop Hongkongs, wird ihre Philosophie deutlich, dass guter Geschmack nicht auf dem Altar des Zeitgeistes geopfert werden muss. Das hier propagierte Konzept setzt sich in ihrer Wohnung, die direkt über den Geschäftsräumen liegt und mit bequemen und zugleich funktionellen Stücken möbliert ist, übergangslos fort. „Die Leute glauben, wenn sie etwas von Gucci kaufen, können sie nicht fehlgehen. Aber da denken wir anders", sagt Kamwa, der den Trendsetter-Shop des Paares führt und sich auf Präsentationen und Raumgestaltung für Unternehmen spezialisiert hat.

Vor der Rückkehr nach Hongkong lebte das chinesisch-kambodschanische Ehepaar in fünf europäischen Ländern sowie Amerika und war dort im Bereich Mode und Grafik tätig. Beide gehören jener neuen, kosmopolitisch orientierten Schicht von Südostasiaten an, die im Westen gelebt und von dort eine intellektuelle Vision des „guten Lebens" mitgebracht haben, wie sie der traditionellen chinesischen Mentalität bislang fremd war. Der äußeren Welt, die uniformer, technikorientierter und immer kaltherziger wird, setzen sie ein Zuhause entgegen, bei dem Gemüt und Individualität im Vordergrund stehen.

GEGENÜBER *Der Lifestyle-Shop Iglu – im Erdgeschoß unter ihrer Wohnung – besteht seit 1995. Bis heute sind die Chans die einzigen Vertreter für Bulthaup-Küchen in Hongkong.*

OBEN *Dieser Tisch ist ein frühes Werk des italienischen Designers Ettore Sotsass. Michelles silberne Betelnuss-Dosen stammen aus Kambodscha.*

LINKS *Von der Terrasse aus blickt man mitten in das geschäftige Zentrum Hongkongs. Der große Dachgarten war einer der Hauptgründe, warum sich Kamwa und Michelle überhaupt für diese Wohnung entschieden, denn beide verbrachten einen Großteil ihrer Kindheit auf Dächern – er in Hongkong, mangels anderer Möglichkeiten, und sie in Kambodscha, wo das Spielen auf der Straße einfach zu gefährlich war.*

GEGENÜBER *Die Zeichnung über Michelles Nachttisch (ein Werk von Kamwa) verschickte das Paar als Geburtsanzeige für ihre Tochter Jeanne. Das Moskitonetz ist absichtlich über Kamwas Seite aufgehängt, da, so klagt er, sein Blut so süß sei, dass er das ganze Jahr über von Stechmücken verfolgt werde. Als Tagesdecke dient ein alter Shaker-Quilt aus Amerika.*

„Wir haben unsere eigene Auffassung", bestätigt Michelle. „Wir versuchen den Leuten Mut zu machen, alles in neuem Licht zu sehen und ihren eigenen Weg zu finden."

Das Apartment – in einem Haus aus den 30er Jahren im Distrikt Wanchai – schien ihnen beim Einzug klein und düster, was man mittlerweile nicht mehr behaupten kann. Ganz auf Relaxing ausgerichtet, präsentiert es sich heute als eine lockere Konfiguration von offenen Räumen; die einzige verschließbare Tür führt zum Badezimmer. Ein breites Hängeregal schirmt den Wohnbereich zum Schlafraum des Ehepaars hin ab. Kamwa hat es selbst entworfen, um das Lichte und Leichte der Optik nicht zu stören. Die der Fensterfront gegenüberliegende Seite des rechteckigen Raumes ist mit Tatami-Matten verkleidet, die eine zusätzliche Dimension verleihen. Diese Lösung sorgt zudem für wertvollen Stauraum und lässt sich bei Bedarf auch in einen Schlafplatz für Gäste verwandeln, die dahinter den Futon ausrollen können. Mit nicht einmal 100 Quadratmetern Wohnfläche haben Kamwa und Michelle gelernt, jeden Zentimeter optimal zu nutzen.

So sehr eine Wohnung nach Ansicht der Chans Hort der Ruhe sein sollte, in dem man Kraft tankt, birgt ihr Apartment doch jede Menge Objekte aus Amerika, Deutschland, Frankreich, Holland und Italien – Erinnerungen an die vielen Jahre, die sie im Ausland verbrachten. Die meisten Möbel stammen aus Italien, da das Paar lange in Mailand wohnte. Zu ihren Lieblingsstücken zählt eine Prada-Vitrine aus den 50er Jahren, die sie auf dem Sperrmüll entdeckten. Weitere Sammlerobjekte sind eine Stehleuchte von Philippe Starck und seltene Beatles-Fotografien.

Das Apartment spiegelt den allmählichen Wandel Hongkongs, wo die Küche nicht länger Domäne des Hausmädchens ist, Keramiken mehr geschätzt werden als Porzellan und eine Kaffeemühle als bessere Investition gilt als ein Kroko-Handtäschchen. 完

HARRY CALLAHAN

GEGENÜBER *Christian-Liaigre-Möbel im Ausstellungsraum des Iglu. Die Devise des französischen Designers, dass dekorative Elemente nur von der natürlichen Schönheit integraler Formen ablenken, deckt sich mit der Philosophie von Michelle und Kamwa Chan, die gutes Design als Synonym für legeres und praktisches Wohnen ansehen.*

OBEN *Diese Fortuny-Lampe, ein Original, ist einem Blitzlicht nachempfunden, wie es in den Kindertagen der Fotografie üblich war.*

RECHTS OBEN *Zeitschriften aus aller Herren Länder werden als Quelle der Inspiration aufbewahrt. Kamwa war als Zeichner für die deutsche* Vogue *tätig.*

RECHTS *Zwei kostbare Sammlerstücke: Diese beiden frühen Bilder von John Lennon und Paul McCartney stammen aus der Kamera von Astrid Kirchher, der Freundin des „fünften" Beatles Paul Sutcliffe. Kamwa kaufte sie ihr in Hamburg ab, wo die Aufnahmen Anfang der 60er Jahre entstanden. Den Kelim erwarben die Chans in Amsterdam.*

REPRÄSENTATIVE RESIDENZ

皇座

Von architektonischer Grandeur zu sprechen wäre übertrieben, doch bleibt das ehemalige Government House auch nach dem Auszug des letzten britischen Gouverneurs eine der prächtigsten und größten Residenzen Hongkongs. Zudem genießt das Haus historische Bedeutung, war es doch offizieller Schauplatz eines Ereignisses, das in der Weltgeschichte seinesgleichen sucht: des friedlichen Transfers der Oberherrschaft über eine Stadt an eine andere Nation, dessen Details schon mehr als ein Jahrzehnt vor dem eigentlichen Übergabedatum feststanden.

Bei der Ankunft des 28. und zugleich letzten britischen Gouverneurs von Hongkong, Chris Patten, regierte hier noch ganz der Geist des Kolonialismus. Höchste Zeit, dass die Synthese von Orient und Okzident, die Hongkongs einzigartigen Status ausmacht, in dieser Hochburg der britischen Regierungsgewalt Einzug hielt. Dies war auch die Zielvorgabe der 1993 in Angriff genommenen, zehn Millionen Hongkong-Dollar teuren Renovierungsaktion. „Chris und ich wollten weniger ein Symbol britischen Kolonialismus' schaffen als vielmehr ein Haus, das den Einwohnern von Hongkong gehört", sagt Lavender Patten. Die vorher in schwarzem und weißem Marmor gehaltene, von Porträts britischer Regenten dominierte Halle wurde in freundlicheren Tönen gestaltet, vor denen

GEGENÜBER UND OBEN *Noch 1852 mußte die* China Mail *zu ihrem Bedauern verlauten lassen, Government House, das heute im Herzen Hongkongs liegt, sei „zu weit entfernt vom Stadtzentrum", um ihm einen kurzen Halbtagesbesuch abzustatten. Heute hingegen verschwindet das Anwesen fast zwischen hoch aufragenden Bürotürmen. Auf Anraten des Geomantie-Meisters Chi Park Lai pflanzte man Anfang der 80er Jahre Bäume, die gemäß den Gesetzen des Feng Shui die negativen Energieströme der eckigen Wolkenkratzer ablenken sollen.*

RECHTS OBEN *Neben den früheren Wohnräumen des Gouverneurs liegt eine überdachte Terrasse, wo die Pattens gerne frühstückten und abends auch Gäste empfingen.*

RECHTS UNTEN *Die Pagode, die der Lehre des Feng Shui zufolge eine Maus repräsentiert, wurde in den 80er Jahren errichtet – als Gegengewicht zum Haupthaus, der „Katze".*

GEGENÜBER *Norman Fosters Hongkong and Shanghai Bank und I. M. Peis Bank of China. Rechts vom Springbrunnen wurden zwei Weiden und ein Eisenholzbaum gepflanzt, um das Haus vor der scharfkantigen Ecke der Bank of China zu schützen, die direkt auf das Anwesen weist und es zu „zerschneiden" drohte.*

die Arbeiten zeitgenössischer Hongkonger Designer optimal zur Geltung kommen. Unter Leitung des Shanghaier Architekten Tao Ho und des Hongkonger Trade Development Council verwandelte sich Government House in eine Galerie für einheimische Handwerksbetriebe und Künstler – Möbelschreiner, Teppichmanufakturen, Töpferwerkstätten und Maler –, ohne dabei sein britisches Erbe aufzugeben. Neben englischen Antiquitäten finden auch chinesische Keramiken, taiwanesische Holzskulpturen und zahlreiche Schätze Platz, die das Kunstmuseum der Stadt als Leihgabe überlassen hat.

Nicht zuletzt aufgrund der Anbauten, die im Laufe der Jahre hinzugekommen sind, präsentiert sich das Haus heute als eine Mischung mannigfaltiger Stilrichtungen. Die ungewöhnlichsten Veränderungen nahm ein junger japanischer Architekt vor, der im Zweiten Weltkrieg – unter japanischer Besatzung – das Haupthaus umgestaltete und den asiatisch beeinflussten Turm anfügte.

Weihnachten 1946 ließ der damalige Gouverneur Sir Mark Young jedoch die letzten japanischen Tatami-Matten und Shoji-Wandschirme aus den Räumen des Obergeschosses entfernen. Die Samurai-Krieger-Statuen und den (erst 1942 erlegten) ausgestopften Tiger hatte man schon aus dem Foyer verbannt.

GEGENÜBER *Der Teppich in der Empfangshalle ist nur einer von vier Exemplaren, die speziell bei dem Hongkonger Teppichhaus Tai Ping in Auftrag gegeben wurden. Das Dessin stellt die charakteristische Blume der Stadt, die Bauhinia, dar.*

OBEN *Diese Treppe führt zu dem Turm, den die Japaner im Zweiten Weltkrieg anbauen ließen und der auch das Haupthaus mit dem bereits um die Jahrhundertwende entstandenen Ballsaal verbindet. Der japanische Militärgouverneur Rensuke Isogai nutzte Government House nur für offizielle Zwecke. Als Wohnung bevorzugte er andere Räumlichkeiten an der Repulse Bay auf der Südseite der Insel.*

Leider blieben ein Großteil des ursprünglichen Mobiliars sowie kostbare Stücke einer Kunstsammlung, die der wohlhabende Geschäftsmann Sir Paul Chater der Regierung hinterlassen hatte, verschollen. Wohlbehalten wieder entdeckt – und mit Kennermiene geköpft – wurde hingegen eine Flasche Brandy, die ein weitsichtiger Zeitgenosse vor dem Krieg im Garten vergraben hatte.

Die Pattens waren das erste Gouverneurs-Ehepaar, dem nach dem Krieg wieder größere Mittel zur Verfügung standen, um die Räumlichkeiten umgestalten zu lassen. Unter ihrer Ägide erhielt das Haus ein einheitliches Aussehen, das den gravierenden politischen Veränderungen gerecht wurde, die Hongkong in den vergangenen 50 Jahren erfahren hatte. Heute zeugt das einstige Government House, mittlerweile in Besitz der chinesischen Regierung, die es zu Repräsentationszwecken nutzt, vom Reichtum künstlerischer Talente dieser Metropole.

Vom neuen Glanz der alten Räume profitierten nicht nur zu Besuch weilende gekrönte Häupter und andere Würdenträger. Mit Partys, Konzerten und Wohltätigkeitsveranstaltungen sorgten die Pattens dafür, dass Normalsterbliche in den Genuss kamen, die Ausstattung des 140 Jahre alten Bauwerks und die Rhododendren, die den Park berühmt gemacht haben, zu bewundern. 完

GEGENÜBER *Die warmen Creme- und Pfirsichtöne des Wohnraums wurden auf Anraten eines Geomantie-Experten gewählt, der sie speziell auf die Bedürfnisse des letzten Gouverneurs Christopher Patten abstimmte. Sämtliche Stoffe stammen aus England, die Möbel selbst sind jedoch alt und lediglich neu bezogen. Im Rahmen der jüngsten Renovierung Anfang der 90er Jahre wurden die englischen Antiquitäten durch wunderschöne chinesische Möbelstück aus Ulmenholz ergänzt.*

LINKS *Das erste Mitglied einer Königsfamilie, das hier das Tanzbein schwang, war der spätere König Edward VIII. von England. 50 Jahre nach seinem Besuch – 1972 – erhielt der Raum eine Klimaanlage, und die Deckenventilatoren wurden durch prachtvolle Kristalllüster aus Indien ersetzt. Während der Amtszeit der Pattens wurde der Ballsaal mindestens einmal pro Woche für Veranstaltungen genutzt.*

OBEN *Unter den Fotografien im großen Salon fanden sich auch mehrere Mitglieder des britischen Königshauses, die Hongkong einmal oder sogar öfters besuchten und den Pattens signierte Bilder schenkten. Eines zeigt Prinzessin Diana mit ihren Söhnen.*

OBEN *Blick vom ehemaligen Privatbüro des Gouverneurs auf den Swimmingpool, der von englischem Rasen und üppiger Vegetation umgeben ist.*

GEGENÜBER *Jahrzehntelang hing das Bild von Queen Elizabeth II. im geräumigen, hellen Speisesaal des Government House. Heute empfängt die chinesische Regierung hier Gäste aus Politik und Wirtschaft.*

GIPFEL DER PERFEKTION

绝对完美

Der Name Alison Henry festigt den Ruf Hongkongs als Land der unbegrenzten Möglichkeiten. Mit 30, gerade einmal fünf Jahre nach ihrer Ankunft aus London 1990, hatte die Innenarchitektin den kometenartigen Aufstieg zur Spitze geschafft. Heute leitet sie ihr eigenes 18-köpfiges Unternehmen Alison Henry Design. Ihr Stil hat das Gesicht führender Hotels (The Peninsula, Mandarin Oriental und Excelsior) ebenso verändert, wie er ihre Wohnungen in Sydney, London, Thailand und Hongkong – an einer der vornehmen Adressen der Stadt, The Peak – prägt.

Ihr hiesiges Heim ist ein grandioses Beispiel für jenen „East-meets-West"-Stil, der zum Markenzeichen jener Gilde ausländischer Geschäftsleute geworden ist, die sich in Hongkong niedergelassen und bei Reisen Sammlerstücke erworben haben. Eine Fundgrube für dekorative Kunstgegenstände ist Thailand, wohin Alison und ihr Ehemann, der Immobilienzar David Davies, Einkaufstrips unternehmen. Ihre Sammlung an Opiumpfeifen, silbernen Schmuckdosen, Lackarbeiten und siamesischen Buddha-Statuen sowie die chinesischen Möbelstücke kontrastieren mit der ansonsten westlichen Einrichtung. Nicht umsonst eine der erfolgreichsten Designerinnen Hongkongs, hat Alison den Hintergrund der Wohnung schlicht gehalten, so dass die Einzelstücke dekorativ zur Geltung kommen.

GEGENÜBER *Das Elfenbeinweiß und Schwarz des Wohnbereichs schaffen die perfekte Kulisse für die exquisite Sammlung antiker Buddhas und silberner Handwärmer, die hier auf den lackierten Truhen besonders schön wirken.*

OBEN *Die Sofas hat Alison selbst entworfen. Die dekorativen Opiumpfeifen und die kambodschanischen Silberdosen auf den schwarz lackierten Bambustruhen sind nur ein kleiner Teil der umfangreichen Asiatika-Sammlung des Ehepaars.*

LINKS OBEN *Die klare Schwarz-Weiß-Thematik setzt sich im Schlafzimmer des Ehepaars fort – und bestimmt übrigens auch ihre Garderobe.*

LINKS UNTEN *Alle vier Badezimmer der Wohnung sind grafische Studien in Weiß, in denen schwarzer Marmor Akzente setzt.*

GEGENÜBER *Über dem Esstisch, an dem zehn Personen Platz finden, hängt ein abstraktes Gemälde des chinesisch-irischen Künstlers Gerard Henderson, der in Hongkong lebt und arbeitet.*

Die Wohnung ist in einem Stil vornehmer Zurückhaltung möbliert, der alle Gegensätze aufzuheben scheint; Einheit und Vielfalt, Mit- und Nebeneinander fügen sich zu einem harmonischen Ganzen.

Getreu ihrer Überzeugung, dass sämtliche Elemente einer Wohnung mit deren Grundriß in Einklang stehen müssen, bereicherte Alison den Raum um eine neue Dimension, indem sie eine zentrale Achse schuf, die, vorbei an einer hüfthohen Balustrade, über schwingende Stufen zum geräumigen Wohn- und Essbereich hinabführt, wodurch gemütliches Verweilen und Business zu einer räumlichen Einheit verschmelzen. Zentraler Blickfang ist eine imposante Opium-Liegestatt vor der breiten Fensterfront, die fast die gesamte Wandseite einnimmt und ein atemberaubendes Panorama über die Skyline und den Hongkonger Hafen bietet. „Modern eingerichtete Wohnungen ohne auffällige Stücke oder kostbare Antiquitäten wirken leicht lasch und farblos", meint Alison, die ihren eigenen Geschmack als „sehr eigenwillig, mit einem Hang zum Theatralischen" bezeichnet. In einer von ihr ausgestatteten Wohnung wird man keine Blümchentapeten finden. Alles ist ganz in Schwarz und Weiß gehalten, da der Kontrast dieser beiden Farben an Dramatik nicht zu übertreffen ist. 完

GEGENÜBER *Souverän gestaltete Alison die rund 350 Quadratmeter ihrer Wohnung um, indem sie eine zentrale Achse schuf, die mehrere Ebenen einbezieht. Die Räumlichkeiten wirken nunmehr wie eine großzügig dimensionierte Ausstellungsfläche, bei der kostbare Asiatika einen reizvollen Kontrast zu den schlichten, aber edlen Stücken westlicher Prägung bilden. Der prunkvolle vergoldete und intarsienverzierte Spiegel im Arbeitszimmer schmückte einst einen Tempel in Thailand.*

LINKS *Von Alisons Wohnung aus genießt man eine unvergleichliche Aussicht über die Nordseite der Insel und den Hafen bis nach Kowloon hinüber. Wie viele andere Möbelstücke des Ehepaars stammt auch diese stattliche Opium-Liegestatt ursprünglich aus Thailand.*

OBEN *1995 stellte David Linley seine Architektur-Humidors für Alfred Dunhill in Hongkong aus. Alison nutzte die Gelegenheit, dieses Stück für ihren Mann zu kaufen. Als Humidor bezeichnet man eine „Zigarrenkiste", die den kostbaren Tabak vor dem Austrocknen schützt.*

ITALIENISCHE IMPRESSIONEN

意大利式精神

Mobiliar und Ausstattung der Wohnung von Elisabetta und Galeazzo Scarampi del Cairo di Pruney würde man eher in einem piemontesischen Kastell erwarten als in einem Hongkonger Apartmenthaus aus den 50er Jahren. Tatsächlich spiegelt die Kombination aus italienischen Antiquitäten, prächtigen Dekostoffen und Ölgemälden sowie anderen Familienerbstücken die aristokratische Abstammung der beiden wider.

Galeazzos Profession als internationaler Privatbankier hat das Ehepaar, das sich auf einem Landgut in der Nähe von Turin kennen und lieben lernte, weit in der Welt herumgeführt. Doch selbst langjährige Aufenthalte in New York und Hongkong haben den Hang der Scarampis zu allem Italienischen nicht trüben können. Ihre überschäumende Freude an *la dolce vita* zeigt sich an vielerlei Details: Jede Woche pilgert Elisabetta zum Blumenmarkt von Kowloon, so dass in ihrem Heim niemals frischer Blütenschmuck fehlt, und Frischfleisch und andere Zutaten lässt sie sich vom namhaftesten italienischen Restaurant Hongkongs liefern, damit die Küche authentisch bleibt. Selbst die Pralinen in den Silberschälchen stammen aus Italien, wo sie nach altem Rezept hergestellt werden.

„Ich bin inmitten von Blumen, Antiquitäten und Gemälden aufgewachsen", gesteht Elisabetta und erklärt

GEGENÜBER *Die blauweiße Vase mit typischen Wolkenbändern und dem charakteristischen Drachenmotiv (China, 19. Jahrhundert) bildet einen faszinierenden Blickfang.*

OBEN *Auf dem breiten Balkon, den üppige Grünpflanzen in einen kleinen Privatgarten verwandeln, laden Rattantisch und -stühle zu einem entspannten Lunch ein.*

福
福
福

GEGENÜBER *Die chinesische Kultur des Teetrinkens ist in jahrhundertealtes Brauchtum eingebunden. Mit virtuoser Kreativität verzierte Kannen huldigen dieser Tradition.*

RECHTS *Ein Blick in die Hausbar. Zwischen Flaschen und blitzenden Gläsern steht ein kunstvoll arrangiertes Bukett, das Elisabetta aus einem Teil der Blumen gezaubert hat, die sie von ihren wöchentlichen Ausflügen zum Markt von Kowloon zurückbringt.*

damit ihre Vorliebe für schöne und traditionsreiche Dinge. Bevor die Geschäfte ihres Mannes sie von Italien wegführten, war sie in Piemont als Innenarchitektin tätig. Hier in Hongkong hat ihr geschultes Auge ihr geholfen, eine im Grunde gewöhnliche Wohnung in eine stilvolle Residenz zu verwandeln, in der jedes einzelne Stück Kultur und Geschichte atmet. Mit sicherem Stilgefühl gelang ihr eine erlesene Mischung aus Alt und Neu – beispielsweise die Kombination von altem Familiensilber mit neuen kambodschanischen Silberdöschen oder von Antiquitäten mit modernen italienischen Lackmöbeln. Der Teppichboden wurde herausgerissen und durch alte Teppiche ersetzt, die, gemeinsam mit den extra aus New York georderten Wandbordüren, ein Ambiente von altehrwürdigem Flair schaffen, in dem man sich einfach wohl fühlen muss. Die Scarampis gehören zur Prominenz der rund 2500 Köpfe zählenden italienischen Gemeinde Hongkongs und sind regelmäßig Gäste im italienischen Generalkonsulat sowie aktive Mitglieder der Dante-Alighieri-Kulturgesellschaft. Ihre Tochter Lucrezia lernt in der Schule Italienisch, und zweimal im Jahr fliegt die ganze Familie nach Hause.

Elisabettas Begabung zur Dekoration und ihr angeborener Sinn für erlesene Qualität haben sie zu einer begeisterten Sammlerin chinesischer Keramiken werden lassen. Da sie über genügend Zeit und Mittel für ausgedehnte Einkaufstrips verfügt, konnte sie hunderte von Objekten begutachten und einige ausgewählt schöne Stücke auch erwerben.

Voller Begeisterung spricht sie über die Geschichte der Kostbarkeiten, verstummt jedoch – wie alle seriösen Sammler – augenblicklich, wenn man sie nach den Namen ihrer Händler fragt. Deren Adressen nämlich bleiben ein wohlgehütetes Geheimnis, das man nicht einmal der besten Freundin preisgibt. 完

GEGENÜBER *Silbergerahmte Fotografien und eine Ansicht des mittelalterlichen Turin – der Stadt, in der die Familie beheimatet ist – erinnern an die italienischen Wurzeln der Scarampis.*

OBEN *Rote Lackmöbel aus Macau und eine in Rom erworbene Serie allegorischer Kupferstiche treffen in diesem Gästezimmer aufeinander – und harmonieren trotz kultureller Differenzen.*

RECHTS *Familienerbstücke: Eine piemontesische Kommode aus Walnussholz (18. Jahrhundert) und ein Louis-seize-Sessel unterstreichen den eklektischen Stil des Apartments.*

WOHNKULTUR NACH MASS

神奇大厦

In dieser aparten Wohnung gibt es buchstäblich nur kostbare Einzelstücke, die der hier lebende Architekt im Laufe vieler Jahre zusammengetragen hat. Im Gespräch mit ihm, das er mit geistreichen Anmerkungen über die Beziehungen zwischen Kunst und Gesellschaft im Wandel der Zeiten würzt, gelangt man zu der Überzeugung, sein Heim repräsentiere Wohnkultur in Reinform. „Wer über genügend Dekadenz verfügt, hat Anspruch auf vornehme Kultiviertheit", erklärt er und bezieht sich auf die Entwicklung des Designs in den 80er und den Wohlstand Hongkongs in den 90er Jahren. Doch genau dasselbe könnte man von seiner eigenen Wohnung sagen, die Minimalismus auf höchstem Niveau darstellt.

Der chinesische Junggeselle mit einem Diplom aus Harvard gehört jener privilegierten Minderheit an, die eine „maßgeschneiderte" Wohnung ihr Eigen nennen: Er ist der Architekt des Blocks, in dem er lebt. Sämtliche Wohnungen folgen einem langgestreckten Grundriss, so dass die meisten Räume in den Genuss der prachtvollen Aussicht kommen, die über Reihen von Wolkenkratzern hinweg bis zum Hafen reicht. Folglich besteht auch sein Wohnzimmer aus einem einzigen Raum, der mittels strategisch positionierter großer Sofas in drei Sektionen unterteilt wird. Einrichtung und Dekoration sind dem

GEGENÜBER *Im eigenen Heim Gäste zu empfangen ist in Hongkong erst vor wenigen Jahren in Mode gekommen. Der Eigentümer dieser Räume zählt zu den begehrtesten Gastgebern der Stadt.*

OBEN *Diesen Leuchter, ein weiteres Einzelstück, hat der tschechische Kunsthandwerker Boris Sipek als Auftragsarbeit gefertigt. Der Zusammenbau, ein aufwendiges Unterfangen, erfolgte erst hier vor Ort.*

RECHTS OBEN *Ein Biedermeierschrank, daneben ein Sockel der Memphis Group.*

RECHTS UNTEN *Dieser Philippe-Starck-Beistelltisch aus ebenholzschwarz gebeiztem Naturholz und Stahl lässt sich durch Aufklappen der oberen Platte in einen Stuhl verwandeln. Für den Teppich, dessen Vorlage in Eileen Grays Haus zu bewundern ist, wurden Naturfarben verwendet.*

GEGENÜBER *Gegensätze, die sich anziehen: Riesige roboterartige Lautsprecher kontrastieren mit der subtilen Handwerksarbeit des Art-déco-Viersatztisches aus Shanghai, und dem Biedermeiersofa steht eine mit schwarzem Leder bezogene Couch von Le Corbusier gegenüber.*

Modernismus verpflichtet, mit Einzelstücken von Eileen Gray, Le Corbusier und Gerrit Rietveld. Die fraglos auffälligsten Elemente sind jedoch die riesigen zweiteiligen Goldman-Lautsprecher, die wie schwarze Roboter im Raum stehen. „Wer einmal große Lautsprecher hatte, kann nie wieder zu kleinen zurück", erklärt dieser Musikfanatiker, der sich auf den ersten Blick in die beiden verliebte, weil sie seine großen Leidenschaften ansprechen: Sie liefern nicht nur einen phänomenalen Klang, sondern setzen auch definitive Akzente.

Von der Farbgestaltung her dominiert im Wohnbereich monochromes Schwarzweiß; für eine interessante Optik sorgen Form und Konturen der Stücke, deren Auswahl den sicheren Blick des Eigentümers für handwerkliche Qualität und Design erkennen lässt. Farbtupfer wie ein orangegelber Chiffon-Vorhangschal oder knallrote Kissen setzen dem Arrangement bunte Lichter auf.

Eines der drei Schlafzimmer hat der Eigentümer seinen Hobbys gewidmet; auf seinem Schreibtisch sammeln sich vergoldete Trophäen des Classic Car Club, Aschenbecher und Humidors. Denn wenn er nicht gerade einen Wohnblock entwirft, schwelgt dieser intellektuelle Ästhet in den feinsten Weinen und Zigarren oder lässt sich im blauen 40er Rolls-Royce chauffieren. 完

RECHTS OBEN *In Schwindel erregender Nähe des raumhohen Fensters steht eine Le-Corbusier-Liege, von der aus sich der Panoramablick eröffnet.*

RECHTS UNTEN *Das Propaganda-Bild über dem Gästebett stammt aus einer amerikanischen Druckerei, die damit an die Säulen des Fortschritts erinnern wollte: Industrie, Schiff- und Luftfahrt sowie Hochbau.*

UNTEN *Dieser Rietveld-Stuhl steht unter zwei Drucken, von denen einer eben dieses Sitzmöbel zeigt.*

GEGENÜBER *In dieser eklektischen Ecke der Wohnung sind Stücke aus den unterschiedlichsten Stilrichtungen, Epochen und Kulturen versammelt: Die moderne Reproduktion eines Renaissance-Triptychons, ein Charles-Rennie-Mackintosh-Stuhl und ein Sitzmöbel aus den 40er Jahren, das auf einer Auktion in London ersteigert wurde. Der chinesische Ulmenholz-Tisch dürfte um die Jahrhundertwende entstanden sein; sein außerordentlich aufwendig gearbeiteter Sockel mit kunstvoll geschnitzten Früchten und Wildtieren lässt eine Sonderanfertigung vermuten.*

NOBEL-DSCHUNKE

别树一格的帆船

Im Hafen von Hongkong löschen nicht nur einige der bedeutendsten Handels- und Containerschiffe der Welt ihre Ladung und nehmen neue Fracht an Bord; hier liegen auch ungezählte Privatyachten der unterschiedlichsten Art und Größenordnung vor Anker. Um bei dieser unüberschaubaren Vielzahl das Augenmerk auf sich zu lenken, muss ein Boot besondere Maßstäbe erfüllen – was Kambiz Tabars „Michelangelo" freilich keine Probleme bereitet, ist sie doch eine Dschunke ganz besonderer Art.

Sofort an ihrem runden Heck erkennbar (gewöhnliche Dschunken haben ein rechteckiges), bietet sie ein Maß an Komfort, das nicht nur in chinesischen Gewässern seinesgleichen sucht. Was man sich an Luxus nur erträumt – hier ist es Selbstverständlichkeit: Bäder aus italienischem Marmor, stets ein Telefon in Reichweite, von dem aus man jeden Punkt der Erde anwählen kann, Toiletten mit Automatikspülung und ein Whirlpool, in dem leicht acht Personen Platz finden.

Kambiz, ein persischer Marmorhändler, hat das Boot eigenhändig entworfen und seine Pläne anschließend von einer Werft – Sun Hing Shing auf der Insel Ap Lei Chan – realisieren lassen. Die rund 30 Meter lange und knapp zehn Meter breite Yacht besteht aus zwei Arten Holz: Teak und indonesischem Yacol. Aus dem

GEGENÜBER *Auf dem Mitteldeck werden Mahlzeiten serviert, die einem das Wasser im Munde zusammenlaufen lassen. Eine sanfte Brise und der grandiose 180-Grad-Panoramablick machen ein solches Dinner vollends zum Erlebnis.*

LINKS *Der Marmorhändler Kambiz hat sein schwimmendes Domizil auf den Namen des größten Marmorbildhauers aller Zeiten getauft: Michelangelo.*

extrem harten Yacol – nicht grundlos der „Edelstahl" unter den Hölzern genannt – wurden Kiel, Schiffskörper, Rippen, Deckenbalken und ein Großteil der Bootsinneren gefertigt, alles Übrige ist aus Teakholz. Kambiz und die Zimmerleute der Werft sind Perfektionisten, weshalb beispielsweise die Treppe zum Unterdeck nicht weniger als fünfmal neu gearbeitet werden musste, bevor alle zufrieden waren. Die zwei 700-PS-Rolls-Royce-Maschinen schaffen eine Spitzengeschwindigkeit von 18 Knoten, werden jedoch nur selten gefordert. Da das Luxus-Boot in erster Linie dazu dient, Kambiz und seine Freunde

JANE

GEGENÜBER *Eine der komfortablen Gäste-Kabinen, mit Bettwäsche von Ralph Lauren. Das Messing-Bullauge ist eines von 28, die nach alten Vorlagen in Frankreich angefertigt wurden.*

RECHTS OBEN *Fachmann, Kenner und Liebhaber in einem, wählte Kambiz für die Bäder den blauen italienischen Marmor.*

RECHTS UNTEN *Was Geräumigkeit und Ausstattung angeht, kann es die Kabine des „Hausherrn" mit der Einrichtung in jedem Luxusliner aufnehmen. Die Dschunke bietet Übernachtungsmöglichkeiten für insgesamt 13 Personen.*

richtig abschalten zu lassen, wird nämlich fast immer ein gemächliches Tempo angeschlagen. Betten, Liegen, Sessel und Stühle sind unglaublich bequem, und auf dem Oberdeck laden Deckchairs und eine riesige Hängematte zu einem Nickerchen im Schatten ein. Sämtliche Stoffe – alle von Alison Henry Design – bestehen aus Baumwolle oder Leinen und sind in neutralen Farben oder frischen Mustern gehalten, die der Freizeitstimmung Rechnung tragen.

Herrliche, sich lange hinziehende Lunches finden *al fresco* auf dem Mitteldeck statt, während man sich abends in dem holzverkleideten Salon versammelt, dessen größte Attraktion ein echter Renoir ist. Das unvollendete Bildnis zeigt das Dienstmädchen Gabrielle im Alter von 15 Jahren. Als Kambiz erfuhr, dass Gabrielle noch lebte, besuchte er sie in Südfrankreich und ließ sich von ihr die Entstehungsgeschichte des Porträts erzählen. „Natürlich ist es wunderbar, einen Renoir zu besitzen", sagt Kambiz. Was ihn aber zum Kauf des Bildes bewog, war Gabrielles Liebreiz. Ihr Gesicht „ist einfach ein Traum. Sie wirkt so unschuldig, so schüchtern."

Wenig überraschend zu hören, dass Prinz Albert von Monaco, Michael Caine und andere Berühmtheiten Kambiz' Gastfreundschaft genossen haben. Wer würde es schon ablehnen, ein Wochenende in Gesellschaft von Kambiz, dem Labrador Mario und dem Renoir zu verbringen? 完

LINKS *Die Überdachung des Oberdecks, für eine Dschunke höchst ungewöhnlich, spendet den Gästen willkommenen Schatten.*

UNTEN *Nach dem Dinner (am Tisch finden zehn Personen Platz) begeben sich die Gäste gewöhnlich auf einen Digestif – und um den Renoir in Ruhe zu bewundern – in den Salon.*

GEGENÜBER *Die Kombüse ist mit einem großen Kühlschrank, Gefriertruhe, Doppelspüle, Edelstahl-Parmaschneider und einem gut sortierten Weinregal ausgestattet. Kambiz – selbst ein Gourmet – überrascht seine Gäste gerne mit einem improvisierten Mahl aus allerfeinsten Zutaten.*

TYPISCH TANG

出色的邓家

„Es war der glücklichste Tag in meinem Leben", sagt David Tang über den Tag, an dem er den Kaufvertrag für dieses Haus in Sai Kung unterschrieb. Gut zwei Jahre lang hatte er den Vorbesitzer mit Anrufen verfolgt, bis dieser genervt nachgab und David bekam, was er gesucht hatte: Ein Haus, dessen Garten zum Meer hin abfällt – wovon es in Hongkong wenige gibt. Da David beruflich und privat viel unterwegs ist, musste das im Sai Kung Country Park gelegene Grundstück auf dem Land-, Wasser- und Luftweg erreichbar sein. Tatsächlich entdeckte er das Haus, als er mit seinem Hubschrauber darüber flog.

Da Davids Landsitz in einem Naturschutzgebiet liegt, galt es „18 Millionen Vorschriften" zu beachten. So dauerte es 24 Monate, um die Genehmigung zum Bau eines winzigen Swimmingpools zu erhalten, der in nur 24 Tagen fertig gestellt war. Als David das Anwesen kaufte, blühte im ganzen Garten keine einzige Blume. Daraufhin ließ er alles umgestalten und eine Fülle von Bougainvilleen, Azaleen, Hibisken, Kokospalmen und Ähnlichem pflanzen. Der Hang wurde eingeebnet, so dass auf dem Rasen ein riesiges Festzelt aufgestellt werden kann, was häufig der Fall ist, da David zu Ehren in der Stadt weilender Prominenz gerne Partys veranstaltet. Kevin Costner, Michael Caine und die Herzogin von York

GEGENÜBER *Viele von Davids Gästen kommen – vorbei an der Bronzeskulptur eines Ausschau haltenden Knaben – auf dem Wasserweg zu seinem Haus; der Landungssteg liegt hinter dem Mangrovensumpf.*

OBEN *Blick auf das Haus und den parkähnlichen Garten. Die ursprünglichen Rauchglasfenster aus den 70er Jahren ließ David Tang durch raumhohe Flügelfenster ersetzen.*

GEGENÜBER *Der kleine Swimmingpool, dessen Genehmigung zwei Jahre zäher Verhandlungen mit den Behörden vorausgingen. Die Palmen wurden wegen ihres exotischen Flairs angepflanzt, die Kanone stammt ursprünglich aus Havanna.*

RECHTS *Näher als auf der Dachterrasse von David Tangs Haus im Sai Kung Country Park kann man dem Himmel in Hongkong nicht kommen. Es herrscht absolute Ruhe, und so weit das Auge reicht, ist kein anderes Gebäude in Sicht.*

sind nur einige der illustren Gäste, die sich für seine Gastfreundschaft mit einem signierten Foto bedankt haben.

Durch die üppige Bepflanzung gewinnt das helle, lichtdurchflutete Haus mediterranes Flair. Die gesamte dem Meer zugewandte Vorderfront ist mit raumhohen Flügelfenstern ausgestattet, hinter denen sich pro Stockwerk tatsächlich immer nur ein einziger riesiger Raum verbirgt, den David mit dem ihm eigenen Sinn für geordnetes Chaos freilich problemlos angefüllt hat.

Sein außergewöhnlicher Geschmack weckte das Interesse von Designern aus aller Welt und fand viel Anklang, vor allem nach seinem Einstieg in die Welt der Nobelklubs (China Club in Hongkong und Peking) und Edelshops (Shanghai Tang in Hongkong und bald auch in New York), die wesentlich dazu beigetragen haben, den Chinalook zu einem internationalen Trend zu machen. Zu Hause allerdings gewinnt seine anglophile Seite die Oberhand. Aus blankem Horror vor Minimalismus schafft er mittels leuchtender Farben, die Lebensfreude symbolisieren, kunstvoll gerahmter Gemälde, einer Fülle von Büchern, Erinnerungsstücken und Souvenirs (er ist ein echter Shopaholic) und einer riesigen Sammlung von Humidors (er ist stets von einer Wolke Zigarrenrauch umgeben) das für ihn bereits zum Markenzeichen gewordene „geordnete Chaos“. Alles wird mit, wie er es selbst nennt, „bedachter Impulsivität“ zusammengetragen, das heißt, er kauft alles, was ihm gefällt, ohne sich über einen Platz dafür Gedanken zu machen. „Das ist der große Vorteil, wenn man kein Designer ist: Man kann alles tun, wozu man Lust hat, ohne irgendwelche Hintergedanken oder Theorien dafür haben zu müssen.“

Möglicherweise ist es diese Philosophie, die einen gerne hier verweilen lässt; die dazu einlädt, die Schuhe abzustreifen und sich in eines der überdimensional großen Sofas mit den vielen Kissen sinken zu lassen. 完

UNTEN *Bücher sind ein wesentlicher Bestandteil von Davids Haus. Um für die ständig wachsende Bücherflut Platz zu schaffen, hat er in jeder freien Ecke und Nische Regale anbringen lassen. Der dekorative Farbglasspiegel ist das Werk eines Londoner Künstlers.*

RECHTS *Im Bad fallen Accessoires von Czech & Speake sowie ein schwarzer Ledersessel ins Auge. Das Bild stammt von Liu Wei, einem der beiden zeitgenössischen chinesischen Maler, die 1996 auf der Biennale in Venedig ihre Werke vorstellten.*

GEGENÜBER *Auf Anraten eines Feng-Shui-Meisters, der meinte, dadurch die Ehe der Tangs retten zu können, hatte David sein Bett eine Zeit lang umgestellt. Nach der – trotz geänderter Position der Liegestatt – erfolgten Scheidung rückte er es wieder an den alten (Lieblings-) Platz und schläft dort, wie er glaubhaft versichert, ganz ausgezeichnet.*

UNTEN *Das Russischgrün der Wände des Wohnraums im ersten Stock wurde als bewusster Kontrast zu dem strahlend hellen Weiß des ganz rechts abgebildeten Zimmers gewählt. „Ich mag kräftige Farben, weil ich die meiste Zeit ein fröhlicher Mensch bin", sagt David.*

RECHTS *Ein vergoldeter pseudo-gotischer Spiegel hängt über der alten bemalten Frisierkommode, die David in London entdeckte. Das Tischchen und der Stuhl belegen Davids Schwäche für Möbel, die schon einiges durchgemacht haben und denen man dies auch ansieht.*

GEGENÜBER *Wenn er in Sai Kung ist, spielt David jeden Tag nach dem Aufstehen und vor dem Zubettgehen Klavier. Den Steinway entdeckte er ganz zufällig: Er erspähte ihn nämlich in einem Londoner Schaufenster, während er auf seine Freundin wartete, die bei einem Obsthändler gegenüber ein paar Bananen kaufen wollte.*

TCHAIKOVSKY
LISZT

KOLONIALER CHARME

梯级藏宝

Auf halbem Wege zum Wohnviertel Mid Levels tut sich inmitten der Phalanx hochaufragender Apartmentblocks, die über dem Central District wachen, ein Spalt auf: Eingezwängt zwischen einem vielgeschossigen Parkhaus auf der einen und einem mehr als 50 Etagen hohen Apartmenthaus auf der anderen Seite, steht hier stolz die letzte Terrace von Hongkong. Die übrigen 18 Gebäude dieser Häuserreihe britischer Tradition sind längst von Bulldozern niedergewalzt, doch zwei haben den Zeiten getrotzt, das heißt, sie verdanken ihr Überleben einem kürzlich verstorbenen alten Herrn, der sie in den 30er Jahren erbaute und bis zu seinem Tode auch bewohnte.

Angesichts des Wirtschaftswachstums und Baubooms in Hongkong wird es nicht mehr lange dauern, bis auch dieses kostbare Stück Vergangenheit abgerissen wird, um einem größeren und vermeintlich besseren Gebäude Platz zu machen. Doch bis es so weit ist, genießen Yan und Sandra d'Auriol und ihre Kinder den Luxus, in über drei Meter hohen Räumen und hinter Türen aus Glas und Teakholz zu leben – in einer Stadt, in der sich immer mehr Menschen in winzigen, anonym weiß getünchten Wohneinheiten bis zu 50-stöckiger Wohnsilos einrichten müssen.

Was Möblierung und Ausstattung anbelangt, hat sich das englisch-französische Ehepaar vom kolonialen Profil

GEGENÜBER *Die Wohnung der Familie d'Auriol liegt in einem für das moderne Hongkong höchst untypischen Gebäude. Das nur viergeschossige Haus mit Dachterrasse entstand in den 30er Jahren.*

OBEN *Die Terrakotta-Figurinen auf dem Pulttisch (frühes 18. Jahrhundert) sind Grabbeigaben chinesischer Dorfältester aus der Han-Dynastie.*

RECHTS *Das Bronzepferd aus der Tang-Zeit steht vor einer kalligrafischen Übertragung des „Tiger"-Charakters, wie sie im 18. Jahrhundert üblich war.*

GEGENÜBER *Das zur Straße hin liegende Frühstückszimmer war ursprünglich eine überdachte Loggia. Die dekorativen Bodenfliesen stammen aus der portugiesischen Kolonie Macau.*

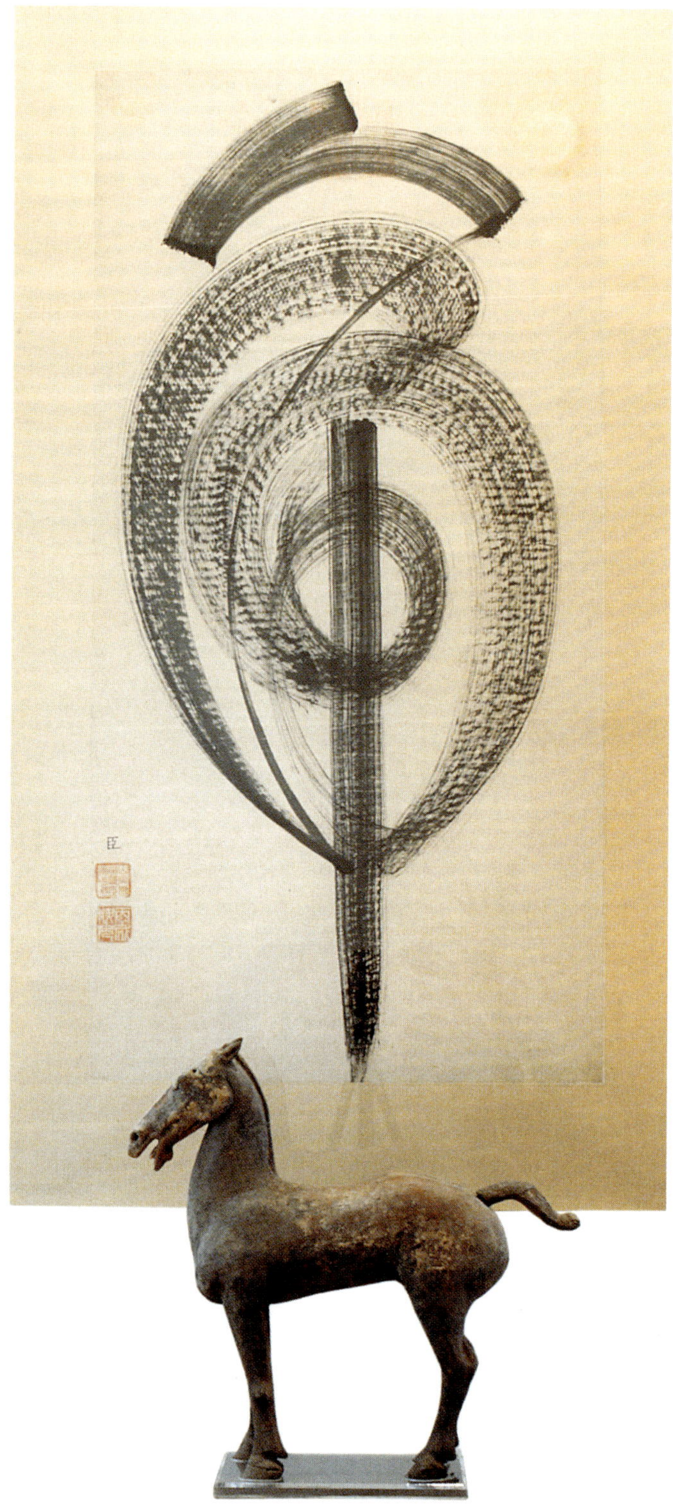

des Hauses inspirieren lassen. Im Laufe der Jahre haben sie auf Reisen viele chinesische Antiquitäten und asiatische Kunstobjekte erworben. „Wir kaufen viel und gern, aber nicht immer optimal", gestehen sie. „Unser Ziel ist es, ein Ambiente mit fernöstlichem Flair zu schaffen."

Yan und Sandra, die seit fast 20 Jahren in Hongkong leben, besitzen einige wunderschöne antike Möbel, die heute – sofern überhaupt noch greifbar – unerschwinglich wären. Das breite Ulmenholzbett und die Garderobe mit der herrlichen Patina sind nur zwei Beispiele. Trotzdem entfernt sich ihr Geschmack immer mehr von dem, was Sandra „Hochzeitstruhen mit Halbmondschlössern, bananenförmige Couchtische und Ahnenporträts an den Wänden" nennt, weil solche Stücke zur Grundausstattung jedes Hobby-Asiatikasammlers zählen und deshalb mittlerweile kaum mehr Originalitätswert besitzen.

Ihr liebster Raum ist das Badezimmer, für das die ursprüngliche Veranda in einen Traum aus cremeweißem Marmor verwandelt wurde. Sandra verbringt schon deswegen soviel Zeit hier, weil es der hellste Raum der Wohnung ist. Und wenn sie ungestört lesen oder telefonieren will, zieht sie sich in den Logenplatz der erhöhten Wanne zurück, von dem aus man einen grandiosen Blick über die Stadt und den Hafen genießt. 完

LINKS *Als unaufdringliche Kulisse zu den Kunstobjekten – der Vogelskulptur (1953) von Bancel, einer zeitgenössischen Plastik von Hamisky und Bildern von Cecil Howard – ist das Wohnzimmer in hellem Cremeweiß gehalten. Dass viele französische Künstler vertreten sind, hängt mit Yans Staatsangehörigkeit zusammen. Er kam Anfang der 80er Jahre für L'Oréal nach Hongkong, hat sich aber inzwischen selbständig gemacht.*

OBEN *Parkettböden und Massivholztüren sind original. Ursprünglich waren alle Räume mit Deckenventilatoren ausgestattet. Das Ulmenholzbett aus der Ching-Epoche ist für die Zeit ungewöhnlich breit. Außergewöhnlich auch die Plexiglas-Halterung des Bildes von Nicole Dufour.*

GEGENÜBER *Im Bad sind ein Werk von Nicole Dufour sowie ein Khmer-Torso aus dem 12. Jahrhundert zu bewundern.*

INDISCHE RHAPSODIE

印式体验

Ein Einfamilienhaus im weitesten Sinnne des Wortes: 50 Verwandte leben hier unter einem Dach. Auf den Besucher wirkt das Ganze freilich eher wie ein Hotel; in einem Teil des Hauses liegen acht großzügige Wohnungen, weitere 30 Apartments für die jüngere Generation sind in einem Flügelanbau untergebracht. Hinzu kommen Gemeinschaftsräume für Veranstaltungen und das sonntägliche Familiendinner. Es gibt ein Kino, einen Gebetsraum und ein Fitness-Studio mit Trainer/Masseur, einem von 33 Vollzeitangestellten der Großfamilie. Zu den Aufgaben der Hausdame, die dem Personal vorsteht und die Hilfe eines eigenen Computers in Anspruch nimmt, gehört das Ausrichten von Dinnerpartys für bis zu 500 Personen.

Das Ganze gehört den Harilelas, der bekanntesten und geachtetsten indischen Familie Hongkongs. Die sechs Brüder, deren Vater in den 30er Jahren aus Sind (im heutigen Pakistan) auswanderte, haben von Anfang an unter einem Dach gewohnt. Sie arbeiten zusammen im Familienimperium – Hotels und Restaurants in allen Teilen der Welt, dazu Reisebüros, Effekten- und Wertpapierhandel. Aus einem Seidenimportgeschäft haben die Harilelas ein Multimillionen-Dollar-Unternehmen aufgebaut.

Das Haus wurde 1967 im Auftrag von Dr. Hari Harilela, dem Familienoberhaupt, errichtet. Auch der Ent-

GEGENÜBER *Auf einem der vergoldeten Esstische im Mogul-Raum stehen eine Kristallkaraffe aus der Tschechoslowakei sowie edle Römer und kunstvoll geschliffene Weinkelche und Gläser aus deutschen Manufakturen.*

OBEN *Der Stammsitz der Familie Harilela fällt zwischen den Hochhäusern Kowloons sofort ins Auge. Hinter der schmucklosen, streng geometrischen Fassade verbergen sich reiche Ornamentik und kostbare Kunstschätze.*

RECHTS UND GEGENÜBER *In dem Mogul-Raum, der mindestens dreimal pro Woche benutzt wird, können bis zu 40 Personen gleichzeitig speisen. Es gibt zwei Esstische mit jeweils eigener Sitzgruppe. Sämtliche Spiegel und Tische sind mit Blattgold überzogen.*

RECHTS UNTEN *Die dekorativen Messinggitter sind den kunstvoll ornamental durchbrochenen Jali-Marmorschranken am Tadsch Mahal nachgearbeitet. Die russischen Malachit-Sockelschalen und das exquisite Zierobjekt aus Jade schmücken den Mogul-Raum.*

wurf für den rund 7600 Quadratmeter großen Flachbau, der im Herzen des von Hochhäusern dominierten Kowloon sofort ins Auge fällt, stammt von Dr. Hari, der Elemente des Tadsch Mahal und der kaiserlichen Palastanlage Fatehpur Sikri einfließen ließ. Die von einer türkisblauen Kuppel gekrönte, über vier Geschosse hohe Eingangshalle erinnert an das Foyer eines Opernhauses; sie ist mit Marmorarbeiten und Mosaiken geschmückt und wird von einem böhmischen Kristalllüster dominiert, dessen sprühende Lichtfunken wie Wassertropfen einer Fontäne im Sonnenlicht blitzen.

Rechts davon liegt der Mogul-Raum, den 32 geschnitzte und vergoldete Bogen umrahmen und in verschiedene Bereiche unterteilen. Jeder wie ein Thron mit purpurrotem Samt bezogen, stehen die Essstühle um zwei runde Glastische mit vergoldetem Unterbau. Niedrigere Versionen desselben Designs findet man als Couchtische vor den beiden Quadranten dieses gigantischen Saales, in dessen Mittelpunkt sich eine mächtige achteckige Marmorsäule erhebt.

Die oberen drei Stockwerke des Ostflügels beherbergen die eigentlichen Wohnräume. Dr. Hari persönlich legte Grundriss und Ausstattung fest, entwarf die Wendeltreppen und sogar die Leuchter. Sein Lieblingsraum ist das mit einem Baldachin aus aufgereihten echten Mikimoto-Perlen überdachte Schlafzimmer. 完

UNTEN *Eines von zwei privaten Speisezimmern, wo die Harilelas ihr sonntägliches Gemeinschaftsdinner einnehmen. Die Wände sind holzvertäfelt, das Mobiliar ist eine eklektische Mischung aus indischen und chinesischen Stilelementen.*

RECHTS *Aufwendiges Hindu-Mosaik und Marmor-Becken vor dem Gebetsraum, in dem die Familienmitglieder täglich ihr Gebet verrichten.*

GEGENÜBER *Die zentrale Eingangshalle reicht über die volle Höhe des viergeschossigen Hauses. Von der indischen Palästen nachempfundenen kuppelförmigen Decke hängt ein spektakulärer Kristalllüster. Zu beiden Seiten öffnen sich raumhohe Glastüren zu dekorativ begrünten Innenhöfen hin.*

PRIVATE AUSBLICKE

美景独享

Im sechsten Stock eines Wohnblocks im Dickicht des Hongkonger Hochhausdschungels gelegen, birgt diese Wohnung eine Sammlung zeitgenössischer Kunstwerke. Doch obwohl diese das Licht der Öffentlichkeit nicht scheuen müssten, behält Sandra Walters, eine der führenden Kunsthändlerinnen der Insel, ihre Schätze sich und ihren Gästen vor. Das breite Spektrum ihrer Kollektion spiegelt die vielfältigen Ausstellungen, die sie seit 1973 in Hongkong veranstaltet hat: „Ich versuche immer, soviel wie möglich für mich selber zu kaufen", gesteht die kunstsinnige Amerikanerin. Ihre Begeisterung reicht so weit, dass sie Biografien der Künstler zusammenstellt, die sie fördert und deren Werke diese unspektakulären Räumlichkeiten in eine Wohn-Galerie verwandelt haben.

Sandra und ihr Ehemann Richard sind alteingesessene Hongkonger. In den 60er Jahren machten sie in der damaligen Kronkolonie Urlaub – und blieben. Seither führt Sandra hier ihre eigene Galerie, hat sich als Kunst-Konsultantin weltweit einen Namen gemacht und zahlreiche westliche Künstler in Hongkong eingeführt, aber auch einheimischen Malern und Bildhauern zum Durchbruch verholfen. Zudem steht sie stets an führender Stelle, wenn es darum geht, das Interesse der Öffentlichkeit für die Kunst zu gewinnen. Zu ihren Vorbesichtigungs-

GEGENÜBER *Das großformatige abstrakte Ölgemälde im Wohnzimmer stammt von dem namhaftesten zeitgenössischen Hongkonger Künstler, Hon Chi Fun. Obwohl inzwischen nach Kanada ausgewandert, war er an der Entwicklung der modernen Hongkonger Kunst beteiligt. Im Laufe der Jahre konnte Sandra über 40 seiner Werke verkaufen. Das abstrakte Bild rechts schuf der Hongkonger Maler Hai Tien.*

OBEN *Plastiken waren auf dem asiatischen Kunstmarkt lange Zeit kaum zu finden, haben mittlerweile jedoch selbst unter kritischen Sammlern einen festen Freundeskreis gewonnen. Der Taiwanese Ju Ming zählt zu den heute bekanntesten und gefragtesten Bildhauern. Diese Bronze ist Teil seiner gefeierten Serie, in der er die Anmut der Tai-Chi-Bewegungen festgehalten hat.*

RECHTS *Die Kunst hat nicht einmal vor dem Badezimmer Halt gemacht, wo sie mit Gebrauchsgegenständen wie Handtuch- und Zahnbürstenhaltern im Wettstreit liegt. Über der kleinen Fiberglasskulptur des Briten Kenneth Armitage hängen zwei Federzeichnungen der italienischen Künstlerin Lucianna Arrighi –* Maskenball *und* Salzburger Festspiele.

Soireen im Mandarin Oriental strömen viele hundert Gäste, die Dutzende von roten Punkten auf die Rahmen der Gemälde kleben. Trotzdem bezeichnet sich Sandra eher als Galeristin denn als Autorität auf dem Kunstmarkt.

Einer ihrer Lieblingskünstler ist der russische Avantgarde-Maler Chemiakin, dessen ausdrucksstarke Leinwände mit abstrakten Figuren sofort die Aufmerksamkeit des Besuchers auf sich ziehen. Als Sandra sein Werk 1995 in Hongkong vorstellte, war ihr sehr wohl klar, dass die knalligen Farben und verzerrten Konturen dem „eher konservativen Publikum" nicht auf Anhieb gefallen würden. Aber ihrer Meinung nach ist es nötig, Sammler von Zeit zu Zeit mit gänzlich Neuem zu konfrontieren. „Wenn man den Leuten nur das anbietet, was sie bereits kennen", sagt sie, „wie sieht dann die Zukunft aus?"

Die meisten Werke in der Wohnung stammen von zeitgenössischen chinesischen Künstlern wie Liu Shau Kwan, der an der Kunstakademie unterrichtete und bei dem fast alle zur Zeit prominenten Hongkonger Maler in die Lehre gingen.

Unter weniger fähigen Händen hätte die Vielzahl unterschiedlicher Stilrichtungen unruhig oder derangiert wirken können, doch Sandras Talent – und der bewußt neutral gehaltene Hintergrund – haben ein Ambiente von wunderbarer Harmonie geschaffen. Sogar im Bad, in dem schwarzer Marmor und cremeweiße Fliesen dominieren, begegnet man extravaganten Kunstwerken.

Gleich nebenan, im Schlafzimmer, verbringen Sandra und ihr Mann viel Zeit am Schreibtisch, aber auch an ihrem Lieblingsplatz: im Bett. Die Matratze ist in einen erhöhten Sockel eingelassen, um den atemberaubenden Blick über die Wolkenkratzer und den Hafen optimal genießen zu können. In einer Stadt wie Hongkong, wo Neonreklame die Nacht zum Tag machen kann, sind die Abendstunden vielleicht die attraktivste Tageszeit. 完

OBEN UND LINKS *Das Bett des Ehepaars wurde erhöht, damit sie von dort die „phänomenale" Aussicht genießen können. Über dem Kopfende hängt das Bild* Die Kurtisanen *des chinesischen Malers Zhu Xin Jian, der aus der Volksrepublik nach Frankreich emigrierte, weil derartige Sujets in China während der Kulturrevolution verboten waren.*

LINKS *Ausschnitt aus einem Gemälde des Shanghaier Künstlers Walasse Ting. Ting, der in Amerika und Holland gearbeitet hat, studierte als junger Mann in Paris, wo er sich in das Werk von Henri Matisse verliebte. Aus Ehrerbietung seinem großen Vorbild gegenüber hängte er an seinen Namen ein „sse" an.*

UNTEN *Das Gästezimmer schmückt eine frühe Buddha-Studie des Hongkonger Bildhauers Hai Tien.*

GEGENÜBER *Die Gemälde im Esszimmer – zeitgenössische Interpretationen der jahrhundertealten chinesischen Kunst der Pinselmalerei – stammen von dem Shanghaier Künstler Chen Jialing.*

OBEN *Die beiden lebhaften Bilder stammen aus dem Atelier des russischen Malers Chemiakin, den Sandra 1995 in Hongkong einführte. Im gleichen Jahr konnte Chemiakin als erster lebender Künstler seine Werke in der Eremitage in St. Petersburg ausstellen.*

BESESSEN VON SCHÖNHEIT

美丽的渴念

„Wenn ich nachts nicht schlafen kann, stehe ich auf und schaue sie an. Es ist eine regelrechte Manie“, sagt Kai-Yin Lo über ihre exquisiten Antiquitäten, Möbel und Kunstobjekte aus der Ming-Zeit. Kai-Yins Sammlung zählte zu den umfangreichsten Hongkongs, bevor sie den größten Teil einem Museum in Singapur als Leihgabe überließ – aus Sicherheitsgründen, wie sie sagt, weil man nicht wisse, wie sich die Lage in Hongkong nach der Übergabe an China entwickeln werde. Damals ging sie nur selten aus, verbrachte ihre Abende lieber daheim und informierte sich in Fachbüchern und -zeitschriften über die Schätze, die sie bei ihrem rituellen Wochenendbummel durch das berühmte Hongkonger Antiquitätenviertel entdeckt hatte.

Zur Liebhaberin, leidenschaftlichen Sammlerin und Expertin auf dem Gebiet der noch viel zu wenig dokumentierten Tradition von Mobiliar aus der Ming-Epoche wurde Kai-Yin nach ihrer Rückkehr von einem mehrjährigen Studienaufenthalt in London und Cambridge, als ihr in Hongkong das kulturelle Leben fehlt, das sie in Europa schätzen gelernt hatte. Den Grundstock ihrer Sammlung bildeten dekorative Kunstobjekte aus Koralle, Elfenbein und Achat sowie kleine Jadeschnitzereien, die sie zu ihrem heutigen Beruf als Schmuckdesignerin inspirierten. Von ihr entworfene Stücke erkennt man meist

GEGENÜBER *Die alte Terrakottaskulptur eines Pferdes mit Reiter, eine Grabbeigabe aus der Zeit der Han-Dynastie, hebt sich als Kontrast von der modernen Skyline im Hintergrund ab.*

LINKS *Keramiken aus der Sung-Zeit (960–1279), erkennbar an dem Blaugrün, markieren den Beginn der chinesischen Porzellanmanufaktur. In den letzten 15 Jahren gelangten bei Ausgrabungen viele Stücke ans Tageslicht.*

sofort an ihrer Größe und der Vollkommenheit, mit der Kai-Yin östliche Empfindsamkeit und westliche Ästhetik zu einer Einheit zu verschmelzen vermag.

Jede freie Stunde, die Kai-Yin nicht an ihrem Zeichenbrett oder mit der Verwaltung ihrer 16 Geschäfte zu tun hat, verbringt sie auf der Jagd nach antiken Kostbarkeiten. Als in Europa aufgewachsene Chinesin hatte sie anfangs Probleme, die traditionelle Kunst ihrer Heimat zu verstehen. „Ich glaube, so wie mir ging und geht es vielen Leuten in Asien. Weil wir westliche Universitäten besucht haben, fehlt uns die Vertrautheit mit der Literatur, Philo-

RECHTS *Dieses Bild des Grand Canyon zeigt, mit welcher Ergriffenheit Wu Guanzhong selbst seiner Einflusssphäre entzogene Sujets darzustellen vermag. Die beiden Schränke (spätes 18. Jahrhundert) sind aus Yu-mu-Holz gefertigt, mit Intarsien aus Wurzelholz.*

RECHTS UNTEN *Kai-Yins leidenschaftliche Liebe zu Ming-Möbeln ist wissenschaftlich untermauert: Sie besitzt so gut wie alle Literatur zum Thema. Viele Bücher stapeln sich in diesen Rattan-und-Flechtwerk-Regalen und -Schränken.*

sophie, Lyrik und Kalligrafie, die zum Verständnis der chinesischen Malerei nötig ist. Ich hatte den dringenden Wunsch zu begreifen und wollte anderen dabei helfen."

Nicht zuletzt ihrem Einsatz ist es zu verdanken, dass das British Museum 1992 erstmals eine Ausstellung für einen zeitgenössischen Künstler – Wu Guanzhong – organisierte. Damals mußte Kai-Yin die Kritiker buchstäblich in die Räume der Galerie schleifen, doch schon die folgende Ausstellung, Chinesische Malerei des 20. Jahrhunderts: Tradition und Wandel, ebenfalls von ihr gesponsert, wurde ein voller Erfolg und mit positiven Pressemeldungen geradezu überhäuft. 1996 kam die Ausstellung von Hongkong auch nach London und Köln. „Chinas Wirtschaftswachstum ist nichts", notierte die *International Herald Tribune,* „verglichen mit dem Wunder der Renaissance der jahrhundertealten chinesischen Kunst der Malerei, die sich, von der Außenwelt gänzlich unbemerkt, jetzt zu einer neuen Blüte entwickelt hat."

Kai-Yin Los Begeisterung für die chinesische Kunst wirkt ansteckend und hat wesentlich dazu beigetragen, ihr ein neues, weltweites Forum zu öffnen. „Ich sagte dem British Museum, es sei allerhöchste Zeit, dass der Westen erfahre, welche Entwicklung die Malerei in China durchgemacht hat." 完

GEGENÜBER *An diesen beiden Gemälden des Pekinger Künstlers Wu Guanzhong wird deutlich, wie sehr sich die chinesische Malerei von ihren traditionellen Ursprüngen entfernt hat und nunmehr – dank der Konfrontation mit westlichen Vorbildern, die die Evolution eines bislang unbekannten Stils beschleunigten – ganz neue, aufregende Geschichten erzählt.*

GEGENÜBER UND OBEN *Kai-Yin Los beneidenswerte Begabung für alles Dekorative zeigt sich hier an ihrem Esstisch, einem prachtvollen Ulmenholzstück mit Elfenbeinintarsien. Die Gläser stammen aus Murano und Prag, aus Japan die Keramiken und Lackwaren (das Dunkelgrün – anstelle von Rot – auf der Unterseite belegt das 18. Jahrhundert), und die Stickereien, zwischen Acrylglas zu Sets umfunktioniert, entstanden im 19. Jahrhundert in China.*

LINKS *Der laut Kai-Yin „schönste Schreibtisch der Welt". Tatsächlich ist kein Tisch mit eben diesem Klappmechanismus bekannt, wenngleich ähnliche Klapptische früher, als sich das Leben in China vorwiegend auf dem Fußboden abspielte, verbreitet waren. Dieses Stück aus der Kang-Epoche (16.–17. Jahrhundert) steht auf wunderschön geschwungenen Beinen mit einwärts gewandten Voluten-Füßen.*

GEGENÜBER *Liebevoll auf einem kleinen Tischchen ausgelegt, ist eine von Kai-Yins Lieblingssammlungen zu bewundern. Diese buddhistischen „Schicksalsknoten" – aus Elfenbein, Holz oder Perlmutt gefertigt – sammelt sie seit den 70er Jahren.*

OBEN *Teil eines seltenen und kostbaren Jichi-mu-lute-Tisches aus dem 18. Jahrhundert. Aufwendige Ornamente machen ihn zu einem Paradebeispiel des Palaststils. Auf dem Tisch stehen drei Pinselständer und Elfenbeinspatel, wie sie die Boten am Hofe der Ming-Herrscher trugen.*

RECHTS *Skulpturensammlung: (von links) ein Bodhisattwa („werdender" Buddha) aus der nördlichen Qi-Zeit (550), ein pakistanischer Gandharwa-Kopf aus dem Kulturkreis Alexanders des Großen, eine buddhistische Scheibe, die den Himmel symbolisiert, und ein Khmer-Torso aus dem 10. oder 11. Jahrhundert.*

KONSEQUENT KÜHL

冷静的顾客

Kaum weniger als für seine auf Schlichtheit und Purismus, Cremeweiß und Beige konzentrierte Ästhetik ist der Designer Peter Hunter für lockere Sprüche über eben dieses Faible bekannt. Mit Vorliebe zitiert er Bette Midlers Zeile aus dem Film *Get Shorty*. Als sie Gene Hackmans Haus betritt, kreischt sie: „Meine Lieblingsfarbe: Kittig!“ Und dass er, um seinen Stil zu beschreiben, ein Filmzitat benutzt, passt, da er gerne für Regisseure wie David Lean und Richard und Lili Zanuck arbeitet.

Ein weiteres Lieblingswort in Peters Vokabular ist „taupe“. Wünscht ein potentieller Kunde ein farbenfrohes Zuhause, wird er ihn rasch an einen Kollegen verweisen, denn seiner Ansicht nach wirken Farben viel zu anregend, zu stimulierend, um darin leben zu können. Außerdem würde man sie sich sehr bald übersehen. Peter selbst hat immer in weiß gehaltenen Interieurs gelebt. Trotzdem ist er zu sehr Realist, um nicht zu wissen, dass Kompromisse nötig sind, wenn er im Geschäft bleiben will – zumal in einer Stadt, die von Understatement nicht viel hält.

Wie die meisten von Peters Arbeiten konzentriert sich auch der Entwurf für diese 300-Quadratmeter-Wohnung eines japanisch-malaysischen Ehepaars auf architektonische Elemente, was in diesem Falle in einem Ineinander von unaufdringlich luxuriösen Räumen resultierte.

GEGENÜBER *Der schönste Raum der Wohnung, schon wegen der herrlichen Aussicht auf die dicht bewaldeten Hänge der Südseite der Insel Hongkong. Als Bodenbelag dient heller Travertin, derselbe weiche Stein, aus dem ein Großteil Roms erbaut wurde.*

LINKS *Die sanften Wölbungen der irdenen Vase bilden einen harmonischen Kontrast zu den kraftvollen vertikalen Linien des Ching-Tisches.*

LINKS *Das Mobiliar des Pariser Designers Philippe Hurel, das auf Entwürfen von Jean-Michel Frank basiert, wurde wegen seiner schlichten, unaufdringlichen Massivität ausgewählt. Der Spiegel hinter dem Regal vermittelt die Illusion von Raumtiefe.*

OBEN *Blick von der Diele in den Wohnbereich. Die Jalousetten und die scheinbar daran anschließenden langen Regalbretter betonen die Horizontale und lenken das Auge des Besuchers zum Fenster und der fantastischen Aussicht.*

RECHTS *Ein Großteil der Wandflächen ist mit gekalkter Eiche verkleidet. „Näher an Beige kommt man bei Holz nicht heran", meint Peter. Dieser Korridor demonstriert Peters Trick, Türen (wie übrigens auch Fenster) immer vis-à-vis voneinander zu platzieren. So hat man vom Mittelpunkt aus immer alle vier Ecken der Wohnung im Blickfeld, und außerdem verstärkt sich der Eindruck des Lichten und Durchlässigen.*

Da Peter seinen Schwerpunkt auf die Form legt, würden Farbe und das, was er „Nippes" nennt, nur von der Einheit des Ganzen ablenken. Tatsächlich empfängt den Besucher, der diese Oase der Ruhe betritt, eine Aura der Ordnung. Der lange Läufer (von Peter und seinen Kunden „Runway" genannt), die Blende mit den Lichtträgern, die niedrigen Möbel und Regale sowie die Jalousetten sind sämtlich darauf ausgerichtet, von jeglicher Vertikalität abzulenken. Stattdessen führen sie das Auge des Besuchers auf das Panoramafenster hin, das die Südseite der Insel überblickt. Diese Aussicht über die bewaldeten Hügel aufs Meer war für die Wohnungseigentümer ausschlaggebend, und abends sitzen beide am liebsten auf dem Sofa beim Fenster und genießen den Sonnenuntergang.

Vorher hatten Peters Kunden einen großen Familiensitz bewohnt und dort ihre drei Kinder aufgezogen. Nun stand ihnen der Sinn nach etwas Exklusiverem. Sie wünschten sich einen offenen, freien Raum, der ein Gefühl von Weitläufigkeit vermitteln sollte. Dank der Einheitlichkeit der Farben, des architektonischen Formats und der eingesetzten Materialien (gekalkte Eiche und heller Travertin) ist die Wohnung heute eher ein Miteinander ineinander übergehender Räume als ein Labyrinth einzelner abgeschlossener Zimmer.

Begeistert von dem Minimalismus ihres neuen Heims, heben die Eigentümer immer wieder lobend die Atmosphäre der Entspannung hervor, die sie hier nach ihrer anstrengenden Arbeit umfängt. Ihr neuer Stil hat sich sogar auf die Garderobe der Hausherrin ausgewirkt, die nun schlichte Armani-Stücke in neutralen Farben bevorzugt. „Sie sind inzwischen fast noch minimalistischer als ich", meint Peter schmunzelnd. Er bleibt ein Meister einer Einrichtung von ultimativer Homogenität, in der strenger Modernismus mit klösterlicher Kargheit auf attraktive Art verschmilzt. 完

RECHTS OBEN *Ein langer Läufer, von Peter und seinen Kunden „Runway" getauft, schafft eine Verbindung zwischen den Räumen, die zusammen den Wohnbereich bilden. Der Teppich ist so verlegt, dass seine Ränder bündig mit dem Steinboden abschließen. Hinter den Blenden, die gemeinsam mit dem gewählten Mobiliar die Horizontalität des Raumes betonen, verbergen sich unterschiedlich hohe Fenster und Türen – „Altlasten" der ursprünglichen Bausubstanz.*

RECHTS UNTEN *Das Nebeneinander von antikem Ching-Kleiderständer und zeitgenössischem Esstisch-Ensemble schafft einen interessanten Kontrast. Peter entwarf Esstisch und Beistelltische in einer bewusst „designlosen" Form, damit sie nicht von den wesentlichen Stücken des Raumes ablenken.*

UNTEN *Die schlichte Eleganz dieses Ming-Tisches wird vom Design der moderneren Möbel aufgegriffen.*

GEGENÜBER *Die Eigentümer der Wohnung wandten sich an Peter, nachdem sie in einem Einrichtungsmagazin Badezimmer von ihm gesehen hatten. „Ein Bad ist ein Wohnzimmer mit sanitären Anlagen", so der Designer. „Der einzige Raum, in dem man wirklich ganz und gar seine Ruhe hat."*

FEUDALER FAMILIENSITZ

银行家的热门点

Am Silvesterabend des Jahres 1894 schlossen zwei junge Europäer im Schimmer des Lichts der Petroleumlampen des Deutschen Klubs von Shanghai eine Partnerschaft, die wesentlich dazu beitragen sollte, Hongkong zu einem der bedeutendsten Handelszentren und Warenumschlagplätze Asiens aufsteigen zu lassen. Ihr junges Unternehmen, Jebsen & Co., begann mit 14 Dampfern, die chinesische Güter transportierten, ließ sich jedoch im Gegensatz zu vielen anderen ähnlichen Unternehmen niemals auf den Handel mit Opium ein – von den Chinesen „fremder Dreck" tituliert, da es aus Bengalen importiert wurde.

Hans Michael Jebsen, der im Alter von 30 Jahren Vorsitzender von Jebsen & Co. wurde, trat in die Fußstapfen seines Großvaters Jacob, des Gründers, und alles spricht dafür, daß er das florierende Familienunternehmen mit steigenden Gewinnen an die vierte Generation weitergeben wird. Nach dem Studium der Betriebswirtschaft trat er 1981, gerade 23 Jahre alt, in die Firma ein, und seinem Unternehmensgeist und Geschäftssinn verdankt Jebsen & Co. seine seither weiter wachsende Rolle im internationalen Asienhandel. Angesichts der glänzenden Zukunftsaussichten (1996 gab es zwölf Jointventures mit China) verlegten Hans Michael und seine

GEGENÜBER *Der Wohnraum mitsamt Galerie und handgeschnitztem Geländer ist dem Haus von Hans Michaels Mutter nachgebildet. Um die Authentizität zu wahren, ließen die Jebsens die meisten Polstermöbel aus Europa einfliegen.*

OBEN *Abgesehen von den Säulen, ähnelt die Fassade dem macauischen Kolonialstil. Fensterformen, Holzläden und das Gelb des Anstrichs erinnern an die Architektur der königlich-portugiesischen Sommerresidenz Sintra nahe Lissabon.*

LINKS *Die mit Giebelfeld und Pilastern geschmückten Bücherregale und Türstöcke, sämtlich aus Teakholz, wurden von chinesischen Kunsthandwerkern gefertigt, während die* Faux-marbre-*Säulen ihren Effekt der Hand eines britischen Malers verdanken. Über die Galerie erreicht man den Gästeflügel des Hauses.*

GEGENÜBER *Hans Michael legte großen Wert darauf, den Stil seines Elternhauses in Dänemark beizubehalten, und ein lebhaftes Interesse für Architektur und Design befähigte ihn, den Bau und die Ausstattung seines neuen Heims in Hongkong zum Teil persönlich zu überwachen.*

Frau Desiree ihren Wohnsitz vor kurzem nach Hongkong und bauten hier im Laufe von drei Jahren ihr „Traumhaus". Die Fassade des im Kolonialstil errichteten Gebäudes hebt sich in ihrem warmen Gelbton auf dem Südhang der Insel leicht sichtbar ab. Auch im Inneren setzt sich das traditionelle Thema so konsequent fort, dass mancher Besucher den Eindruck haben mag, ein georgianisches Herrschaftshaus in Südengland zu betreten. Während ihre Villa in Europa zahlreiche kostbare antike Stücke aus dem Orient birgt, ist das Hongkonger Domizil der Jebsens ganz und gar im europäischen Stil gehalten – mit schwarzweißer Marmor-Empfangshalle, Flügeltüren aus Massivholz und einem marmornen Kamin im Speisezimmer.

Der Wohnraum, mit Chintzmöbeln, Antiquitäten und klassizistischen Gemälden geschmückt, wird von einer Galerie umrahmt, die zusätzliche Dimension verleiht und zugleich Zugang zum Gästeflügel des Hauses gewährt. Überall findet man Elemente des britischen Landhausstils: ein loderndes Feuer im Kamin, einen Flügel und ganze Regimenter silbergerahmter Porträts von Familienmitgliedern und Freunden. Bei der Einrichtung zog das Ehepaar auch den fachmännischen Rat seiner Freundin Ina Lindemann hinzu, einer Innenarchitektin aus London, von wo auch viele der Stoffe und Farbmuster stammen.

Alles stimmt bis ins kleinste Detail. Stolz weist Hans Michael auf die schräg geschliffenen Kanten der Fensterscheiben und die Messingtürklinken hin, die nach einer dänischen Vorlage in China gegossen wurden. Doch trotz der eleganten Grandeur strahlt das Haus viel Leben aus und ist ein richtiges Heim, durch das Kinder und Hunde toben. Hans Michael hofft, dass seine beiden Söhne eines Tages nicht nur das Unternehmen erfolgreich weiterführen, sondern auch den Familienstammsitz würdigen, den er hier geschaffen hat. 完

LINKS OBEN *Die Balustrade der Gartenmauer umrahmt den spiegelklaren Swimmingpool.*

LINKS UNTEN *Ein traumhafter Blick über die Südseite der Insel, im Hintergrund Aberdeen.*

UNTEN *Die imposanten Dimensionen des Hauptportals sind einer solch stattlichen Residenz durchaus angemessen.*

GEGENÜBER *Die Fassade ist eine Nachbildung des Hauses, das Jacob Jebsen, Gründungsmitglied von Jebsen & Co. und Großvater des heutigen Vorsitzenden Hans Michael, Ende des 19. Jahrhunderts errichten ließ. 1914 wurde dieses Haus enteignet und nie zurückgegeben; als Entschädigung erhielt die Familie 1920 gerade einmal 1500 britische Pfund.*

GEGENÜBER *Das Speisezimmer, ganz europäisch gehalten, überblickt die bezaubernde Hügellandschaft bis hin nach Aberdeen, einem ständig wachsenden Fischereihafen und Handelszentrum. An dem Esstisch finden bis zu 24 Personen Platz. Der feuervergoldete Leuchter, der sanftes Licht spendet, wurde um 1890 in Frankreich gefertigt.*

OBEN *Ein gemütlicher Vorraum im Gästeflügel. Die Wände sind mit edlem Streifenstoff bespannt, Vorhangblende und Schabracken ebenso kunstvoll drapiert wie im Speisezimmer.*

OBEN *Von seinem Schreibtisch im Arbeitszimmer aus kann Hans Michael durch die raumhohen Fenstertüren auf die einladende Terrasse blicken.*

RECHTS *Unter einer Ruhebank im Arbeitszimmer sind fein säuberlich dunkelgrüne Lederkoffer gestapelt. Eines der vielen ledergebundenen Fotoalben liegt aufgeschlagen auf dem Polster.*

GEGENÜBER *Ein Gästezimmer mit handbemalter Tapete von Zuber aus Frankreich. Die napoleonischen Schlittenbetten sowie sämtliche Seidenstoffe kommen aus England.*

LÄNDLICHE IDYLLE

绿色生活

Shek O, an der Südspitze Hongkongs gelegen, ist die letzte Bastion pastoraler Lebensform auf der Insel. Noch sind die Wolkenkratzer nicht zu den Landsitzen vorgedrungen, die hier vereinzelt aus dem Grün hervorstechen. Ein 1921 verabschiedetes Kolonialgesetz ermöglichte die Gründung des Shek O Golf and Country Club und teilte das angrenzende Land in 50 großzügige Parzellen auf, damit sich gut situierte Regierungsbeamte hier ein Wochenenddomizil erbauen konnten. Allerdings verhinderte die Weltwirtschaftskrise, die im Anschluss an den Ersten Weltkrieg auch Hongkong erreichte, dass mehr als 23 fertig gestellt waren, bevor die Baugenehmigung erlosch.

Der Wert dieses 14 Hektar großen Anwesens wurde 1996 auf rund 200 Millionen Hongkong-Dollar geschätzt. Das Haus entstand 1926 im Auftrag der Wallem Shipping Company und gilt, so man seiner jetzigen Bewohnerin Marie Terry glauben will, bis heute als Herzstück von Shek O. 1949, während der Revolution in China, diente es als geheimer Treffpunkt der großen „Hong"-Companys und war Schauplatz wichtiger politischer und wirtschaftlicher Entscheidungen.

Nach vier umfassenden Renovierungen ist es heute das Wohnhaus der Familie Terry, die hier mit sieben Hunden und zahlreichen Singvögeln lebt, ihr Heim aber

GEGENÜBER *Die überdachte Veranda auf der Rückseite des Hauses blickt auf einen Garten, der zwar keine Rabatten aufweist, in dem jedoch mehr als 200 Blumentöpfe für üppige Farbenpracht sorgen.*

OBEN *Einer der beiden Vollzeit-Gärtner, die zweimal täglich alle Topfpflanzen gießen und sich um die 400 Weihnachtssterne kümmern.*

South China Morning

GEGENÜBER *Wegen seiner strategischen Lage wurde das Dorf Shek O im Zweiten Weltkrieg wiederholt von Japanern angegriffen, die zeitweise auch in diesem Haus residierten. Bei ihrem Rückzug nahmen die Besatzer alles mit, was nicht niet- und nagelfest war. Diese Holzvertäfelung zählt zu dem wenigen, das die Zeiten überdauerte.*

RECHTS *Im Speisezimmer werden zwei- bis dreimal wöchentlich festliche Essen abgehalten. An der Decke sind noch immer die Spuren von Champagnerkorken zu sehen – bleibende Erinnerung an die Angestellten einer norwegischen Schifffahrtsgesellschaft, die hier wilde Partys gefeiert haben sollen.*

häufig karitativen Veranstaltungen öffnet. „Das Haus ist nicht mein Eigentum", sagt Marie. „Ich fungiere nur als zeitweilige Verwalterin." Im Sommer strömen mehr als 500 Leute im Monat hierher, um zu picknicken und im Pool zu schwimmen – darunter auch Kinder, die nie zuvor barfuß durch grünes Gras gelaufen sind.

Frühere Eigentümer hatten den Bungalow in vier kleine Zimmer unterteilt, aber die Terrys rissen die Zwischenwände und abgehängten Decken wieder ein, so dass ein riesiger hoher Wohnraum entstand. Von diesem gelangt man auf die überdachte Terrasse, auf der die Familie einen Großteil ihrer Zeit verbringt. Sitzt man auf der Veranda, von der aus kein anderes Bauwerk sichtbar ist, fällt es schwer zu glauben, dass man sich tatsächlich auf Hongkonger Boden befindet. Je nach Jahreszeit schmückt Marie die Terrasse mit Lampions und bunten Lichtern.

Der Garten ist ein sinnbetörendes Gedicht aus Farben und Düften, mit einer Fülle von Blumen – allerdings nicht in Beeten und Rabatten, sondern ausschließlich in Töpfen, die sich ohne großen Aufwand zu ständig neuen Kompositionen zusammenstellen und bei den ersten Anzeichen eines Taifuns auch rasch in Sicherheit bringen lassen. In einiger Entfernung zum Haus liegen auch ein Entengehege, ein Gemüseland, ein Swimmingpool und der ehemalige Pferdestall, den die Terrys zu Apartements für ihr Personal umbauen ließen.

Im Inneren setzt sich das Sonnengelb des Wohnraums in das Speisezimmer hinein fort, wo bis zu dreimal pro Woche getafelt wird. Fast möchte man diesen Raum als Voliere bezeichnen, denn er birgt die auf 150 Stück angewachsene Sammlung von Porzellan-Papageien des Ehepaars. „Wir haben angefangen sie zu sammeln, weil Gregs Heimat [Australien] ein Papageienparadies ist", erklärt Marie. „Wir kaufen alle, die wir finden. Sie sind nicht besonders kostbar, aber wir haben viel Spaß daran." 完

OBEN *Ein Teil von Gregs farbenprächtigem Papageien-Schwarm.*

LINKS OBEN *Keramik-Figuren aus der Tang-Zeit.*

LINKS *Diese Kopie eines japanischen Edo-Wandschirms wurde aus Sentimentalitätsgründen gekauft: Maries Tochter, sie ist Künstlerin, hatte sich eine Zeit lang auf die Bemalung von Fächern spezialisiert.*

GEGENÜBER *Als die Terrys 1993 das Haus erwarben, ließen sie die nachträglich eingezogenen Trennwände und die abgehängten Decken herausreißen, so dass der Wohnraum heute wieder in seiner ursprünglichen lichten Größe erstrahlt.*

DIE HANDSCHRIFT DES MEISTERS

风格指引

Nach der Rolex, dem Armani-Outfit und der Limousine mit Chauffeur kam der Interior Designer – namentlich Simon Jackson. Er reiste 1989 aus Australien an und fand eine Klientel vor, die sich Wohnungen mit „Kleiderbügel-Appeal" wünschte – mit mehr als genug Platz für jede Menge Kleidungsstücke. Ein Zufallsauftrag, den er mit Bravour meisterte, katapultierte ihn in die Hongkonger Geldelite, und fast über Nacht wurde er zum gesuchtesten Designer der Stadt. Seither hatte er keine Zeit, zurückzuschauen. Goldcard-Klienten wie Goldman Sachs, New World Investments und Cathay Pacific Airways und ein stets gleich bleibend hoher Standard untermauerten seinen professionellen Ruf, während gewandte Umgangsformen und untadelige Eleganz ihn in die Hongkonger High Society aufsteigen ließen.

Obwohl er nur wenig Zeit zu Hause verbringen kann, hat er doch weder Geld noch Mühe gescheut, sich dort mit ausgewählten Kunstwerken und Antiquitäten zu umgeben. Seine Wohnung zeigt die Handschrift des Meisters. „Ich denke, dass mein Geschmack distinguierter geworden ist", sagt er. „Das ist ein ganz natürlicher Prozess, der damit zu tun hat, dass ich sehr viel herumkomme." Am liebsten kauft er bei internationalen Auktionen, wo er neben Stücken aus dem Besitz der unterschied-

GEGENÜBER *Simons Esszimmerstühle standen einst in Barbra Streisands Wohnung, das vergoldete Service und die geschliffenen Kristallgläser hingegen stammen aus dem Besitz von Imelda Marcos.*

OBEN *Neun Jahre in Hongkong haben Simons Geschmack, der immer zum Opulenten und Eklektischen tendierte, distinguierter werden lassen. Er führt dies auf die ständige Konfrontation mit den verschiedensten Kunstformen zurück.*

LINKS *Dieser Semainier (hohes Kastenmöbel mit sieben flachen Schubladen) mit imitierter Boulletechnik dürfte um das Jahr 1855 gefertigt worden sein. Simon erstand ihn auf einer Auktion in New York – als Aufbewahrungsort für seine umfangreiche Sammlung farbenfroher Krawatten.*

GEGENÜBER *Simons Wohnung offenbart seine Vorliebe für Gold, Quasten, männliche Aktgemälde sowie prunkvolle Muster und Brokatstoffe im Stil des französischen Barock. Das Ölbild ist ein Werk des führenden australischen zeitgenössischen Malers Arthur Boyd.*

lichsten illustren Berühmtheiten auch einige überaus kostbare Möbel ersteigern konnte.

Am liebsten hält sich der bekennende Modefreak und Shopaholic Simon in seinem Schlaf-/Ankleidezimmer auf, das eine größere Fläche einnimmt als der Wohnbereich. „Wenn mir ein Kleidungsstück gefällt, kaufe ich es häufig gleich zweimal", gesteht er und deutet auf die von Wand zu Wand reichenden, deckenhohen Einbauschränke, vor denen fein säuberlich aufgereiht mehrere Dutzend Paar Schuhe stehen, die drinnen keinen Platz mehr fanden.

Obwohl er eigenen Aussagen nach keine feste Vorstellung von der Einrichtung seiner Wohnung hatte, kommt sein Hang zu prunkvoller Opulenz unübersehbar zum Ausdruck. Ein Louis-seize-Stuhl beispielsweise wurde aufwendig vergoldet, die Sitzfläche mit floralem Brokatstoff gepolstert und der Rücken mit leuchtend türkisblauem Damast bezogen. Simon hält seine Schwäche für viel Gold, Leopardenmuster und prächtige Dekostoffe für eine Gegenreaktion auf den Minimalismus, dem er sich in den 80er Jahren in Australien unterworfen hatte. Das Leben in Hongkong hat ihn alles neu überdenken lassen.

Heute macht es ihm Freude, sein Geld für schöne Dinge auszugeben: Gemälde, Teppiche, Uhren aus allen Stilepochen und Kulturkreisen. Aus Verbundenheit zu seinen eigenen Wurzeln hängt er an seiner Sammlung von 14 Originalen des australischen Künstlers Donald Friend. „Ich sollte wahrscheinlich mal die Bremse ziehen und mich endlich für einen Stil entscheiden, aber ich glaube nicht, dass ich das schaffen würde. Ich bin nämlich überzeugt, dass sich der Geschmack mit den Jahren ändert", sagt er. Eines jedoch hat sich in seinem Leben nie verändert, sondern ist konstant gleich geblieben: Der Anspruch auf höchste Qualität – sei es bei Krawatten oder klassischen Kommoden. 完

LINKS, OBEN UND UNTEN *Eine goldene Ikone des hl. Nikolaus hängt über einem ebenholzschwarzen Regency-Stuhl (nach dem Vorbild des griechischen Klismos), den Simon auf einer New Yorker Auktion ersteigern konnte. Der Kolonne cremeweißer Schuhe – Paare, die im Schrank keinen Platz mehr fanden – steht eine nicht minder lange Reihe brauner gegenüber.*

GEGENÜBER *Simons Ankleideraum ist größer als sein Schlafzimmer – die optimale Lösung für einen Kleiderfreak, dem es schon mehrfach passiert ist, dass er aus reiner Vergesslichkeit dieselben Sakkos oder Schuhe doppelt gekauft hat.*

UNTEN *Prachtvoll geschnitztes Sitzmöbel aus der Ching-Zeit.*

EIN BONSAI-GARTEN

盆的历史

Kaum jemand möchte glauben, dass inmitten der Reihen hoch aufragender Wolkenkratzer im Zentrum von Hongkong ein ruhiger Garten zu existieren vermag – und doch gibt es ihn, den laut seinem Besitzer Richard Tang letzten und einzigen Privatgarten im Herzen der Stadt. Er verbirgt sich hinter dem Art-déco-Apartmentblock, in dem Richard wohnt.

„So etwas kann man für kein Geld der Welt kaufen", schwärmt Richard von dem Frieden, der den Besucher hier erfüllt. Die einzigen Geräusche, die man vernimmt, sind ein leises Wasserplätschern und das Rauschen des Windes in den Bäumen. Ansonsten herrscht absolute Stille, eine himmlische Ruhe, die umso vergeistigter wirkt, als es sich um einen Bonsai-Garten handelt, in dem sich Kunst, Geschichte und Gartenarbeit verquicken und der deshalb eine ganz besondere Schönheit und friedliche Atmosphäre ausstrahlt.

Der an einem Hang gelegene Garten setzt sich aus drei Ebenen zusammen, die über verschlungene Pfade und Stufen miteinander verbunden sind. Mehr als 200 Zwergbäume unterschiedlicher Sorten und Größe sind über das ganze Areal verteilt. Ihre Pflege erfordert zwei Vollzeit-Gärtner sowie das wachsame Auge des alten Gartenkünstlers, der das Ganze ursprünglich anlegte. Im

GEGENÜBER *Ein chinesischer Keramik-Drache hält im Garten Wacht. Trotz seines furchterregenden Aussehens gilt er als Symbol für Macht und Glück.*

OBEN *Eine Art Allee von 15 identischen Bonsai begrenzt die mittlere Terrasse des Gartens. Eng zusammenstehende Bäume, gleich welcher Größe, bilden stets ein dichtes gemeinsames Kronendach.*

LINKS *Eine ganze Menagerie von Keramiktieren, darunter diese farbenprächtigen Hähne, lebt in friedlicher Koexistenz unter den Bonsai-Bäumchen. Das untere Drittel des Gartens wird von grob gehauenen Felsbrocken gesäumt, die aus China herbeigeschafft wurden und die heiligen Bergregionen des Festlands darstellen sollen.*

Grunde hat sich dieser einzige private Bonsai-Garten von ganz Hongkong seit seiner Erschaffung durch Richards Vater Sir S. K. Tang im Jahr 1952 kaum verändert. „Der Garten war ein Hobby meines Vaters, der ihn mir vermacht hat", erklärt Richard. „Ich kümmere mich gerne darum, allein schon, um sein Andenken zu wahren."

Die meisten Zwergbäume kamen aus China, seit jeher „Mutter aller Gärten" genannt, weil in diesem Land die jahrhundertealte Tradition begründet wurde, Heiligtümer der Ruhe und geistigen Wiedererneuerung zu schaffen. Bonsai ist japanisch und bedeutet in der Übersetzung soviel wie: die Kunst, Pflanzen in Töpfen zu ziehen (bon – „Schale", sai – „Kultivierung"). Die Bäume wachsen dank Verdrahtung und Beschneiden der Triebe zu den weltweit berühmten Formen heran. Größe und Wuchsform machen den Wert eines Bonsai aus. „Man muß das Gefühl haben, ein vollkommenes Gemälde zu betrachten, und das Ziehen von Bonsai erfordert sehr viel Erfahrung", erklärt Richard.

Schon die ersten Bonsai-Züchter strebten das Erscheinungsbild windgepeitschter Miniaturbäumchen an, deren Gestalt Aspekte der Natur repräsentieren sollte – ein geschwungener Ast als zerklüfteter Gebirgsgrat etwa oder als Felsklippe. So kommt es, dass Bonsai meist aussehen, als hätten sie jahrzehntelang Naturgewalten getrotzt, die ihren Wuchs wesentlich beeinflussten. Obwohl das tatsächliche Lebensalter eines Baumes weniger wichtig ist als der Anschein von Betagtheit, sind einige der Bonsai in dem Garten über 100 Jahre alt.

Weisen-, Buddha- und Prophetenstatuen, die neben Zwergbäumen oder zwischen Felsen meditieren, vertiefen die beschauliche Atmosphäre. Jenseits der Gartenpforte herrschen Lärm und Hektik, hier jedoch hat die alte Kunst des Bonsai eine Oase der Ruhe entstehen lassen, die die Aura der Vergangenheit bewahrt. 完

RECHTS *Auf den künstlich angelegten Terrassen des Hanges gedeihen die verehrungswürdigen Zwergbäume in perfekter Harmonie mit ihrem Hintergrund.*

UNTEN *Zebras und Pandabären bereichern die Keramik-Menagerie der grünen Oase.*

UNTEN *Jeder Bonsai hat seinen eigenen Topf, dessen Form auf das künstlerische Erscheinungsbild abgestimmt ist und mit dem Bäumchen ein harmonisches Ganzes bildet. Gleichzeitig müssen die Pflanzgefäße schlicht sein, um nicht von dem Kunstwerk selbst abzulenken. Auf der obersten, schattigsten Terrasse des Gartens stehen die Bonsai auf traditionellen chinesischen Hockern und Podesten.*

RECHTS *Unter den knorrigen Stämmen vieler Zwergbäume erblickt man kleine Keramikfiguren wie diese beiden Weisen, die sich mit Schriftrollen beschäftigen.*

GEGENÜBER *Blick über den terrassierten Garten, zu dem ein traditioneller chinesischer Teepavillon gehört, der an heißen Tagen erfrischenden Schatten spendet.*

LINKS OBEN *Guanyin, die großzügige chinesische Göttin der Güte, sitzt in Kontemplation versunken zwischen den Felsen.*

RECHTS OBEN *Dieser auffällige Bonsai wurde zu einer Menschengestalt gezogen. Ein Keramikkopf vervollständigt den Effekt.*

LUST AUF LUXUS

特式街

Diese Wohnung kann als Nonplusultra an Luxus gelten. Die chinesische Familie, der sie gehört und die sich zur internationalen Gesellschaft zählt, hat keine Kosten gescheut, sich ein Heim von unnachahmlicher Prächtigkeit zu schaffen. Während viele Menschen auf clevere Techniken zurückgreifen, um den Anschein von Wohlhabenheit zu erwecken, ist für diese Familie das Kostspieligste gerade gut genug. Viele Arten von Blattgold bringen die Decke des Speisezimmers zum Schimmern, Türknaufe und Schrankgriffe sind mit Edelsteinen bestückt und alle Räume mit massiver Buchenholztäfelung verkleidet.

Dem Innenarchitekten zufolge schätzen seine Klienten „gutes Essen, guten Wein und das gute Leben", und ihr Zuhause sollte eben dies widerspiegeln. Eingedenk dieser Vorgaben wurde der große Salon im Erdgeschoss als privater Vergnügungsraum angelegt – komplett mit Karaoke-Installationen, Raucherecke und einer aufwendigen Videoanlage, deren Rekorder sich in einem Kaffeetisch verbirgt und deren Leinwand bei Bedarf auf Knopfdruck vor einem Gemälde herabgleitet. Die Klimaanlage ist so ausgefeilt, dass schon beim Anzünden der ersten Zigarre die entsprechende Rauchfilteranlage automatisch anspringt. Riesige Erkerfenster bieten einen eindrucksvollen Panoramablick über die Deepwater Bay.

GEGENÜBER *Das Speisezimmer, üppig ausgestattet mit Blattgold, Bronze und poliertem schwarzen Granit.*

LINKS *Ein Blick in die Gästetoilette. Die massiven Buchenholztüren sind vom Designer selbst entworfen.*

Das Speisezimmer, in dem mindestens dreimal pro Woche Gäste empfangen werden, kann als Inbegriff luxuriöser Eleganz gelten. Decke und Stühle sind vergoldet, der intarsiengeschmückte Esstisch ruht auf Bronzebeinen, und als Fußboden wurden auf Hochglanz polierte schwarze Granitplatten verlegt. Vor der kunstvoll gearbeiteten Flügeltür aus massivem Buchenholz steht ein erlesener Altartisch mit den kostbaren Weinen, die zum Dinner serviert werden.

Der Innenarchitekt, dem die Eigentümer bei der Ausstattung freie Hand ließen, beschränkte sich jedoch

nicht auf prunkvolle Einrichtung, sondern trug auch der Bequemlichkeit Rechnung: Ein Aufzug – mit vergoldeten Türen – verbindet die drei Geschosse der Wohnung. Berücksichtigt wurden auch die Prinzipien des Feng Shui. Der Architekt brauchte mehrere Monate, um alle Räume und das Mobiliar so anzuordnen, dass ihre Positionen Reichtum und Glück nach Möglichkeit fördern.

Trotz der opulenten Ausstattung strahlt die Wohnung insgesamt eine einladende Wärme aus. Dies hängt zweifelsohne damit zusammen, dass natürliche Materialien von höchster Qualität verarbeitet wurden. 完

OBEN UND GEGENÜBER *Besondere Sorgfalt wurde auf die Einrichtung des Kinderzimmers verwandt. Die bemalte Decke, viel Platz zum Herumtollen und Spielsachen in Hülle und Fülle machen es zu einem wahren Kinderparadies, in dem der Stammhalter der Familie seiner Phantasie und seinem Spieltrieb freien Lauf lassen kann.*

LINKS UND LINKS UNTEN *Die schlichten hellen Wände der großen Empfangshalle sorgen für eine Atmosphäre gediegener Eleganz. Die Nachbildung eines ägyptischen Throns stammt von einer Auktion. Das einzige, was noch fehlt, ist ein Pharao.*

UNTEN *Kunstvoll geschwungene Einlegearbeiten aus hellem Granit weisen dem Besucher den Weg vom Fahrstuhl zum Speisezimmer.*

GEGENÜBER *Blick aus dem Salon im Erdgeschoss in die Empfangshalle. Die kostbaren Torchèren sind eine Auftragsarbeit des britischen Designers Mark Brazier-Jones, der für die Laternen kein Glas, sondern farbigen Quarz verwendete. Auch der Tisch stammt aus dem Atelier von Brazier-Jones.*

OBEN *Das Schlafzimmer der Hausherrin ist ein elegantes Boudoir in verträumten Creme- und Beigetönen. Sämtliche Möbel und Beleuchtungskörper wurden speziell für diesen Raum angefertigt.*

LINKS *Das mit Blattgold geschmückte Lack-Geländer im Treppenhaus stammt aus dem Anwesen der Großeltern, das auf demselben Parkgrundstück liegt.*

GEGENÜBER *Auch dieser Schminktisch ist ein Einzelstück; er soll an eine noble Hollywood-Garderobe erinnern.*

DIE FARBE DES GELDES

钞票本色

Ende der 80er Jahre wurde Hongkong von einem Fieber erfasst, dem Fachjournalisten den Namen „Innenarchitektomanie" verliehen. Jeder, der etwas auf sich hielt, hatte seinen eigenen Interior Designer, und ohne Rotunde, Marmorfußböden und Kristalllüster war das hochherrschaftlichste Haus nicht mehr gesellschaftsfähig. Auslöser dieser Mode war die Eröffnung des Hongkonger Grand Hyatt Hotels, über dessen Lobby die Welt bis heute spricht. Auf das Hyatt folgte diese fast 1 500 Quadratmeter große viergeschossige Wohnung, mit der der Designer Simon Jackson eine neue Ära der Wohnkultur einläutete.

Nach ihrer Fertigstellung gaben die Eigentümer – eine Familie von Milliardären, denen unter anderem eine große internationale Hotelkette gehört – eine Einweihungsparty. Die Hongkonger Schickeria strömte herbei, und es dauerte nicht lange, da wollte jeder etwas Entsprechendes, und jeder wollte sagen können, kein anderer als Simon Jackson habe seine Wohnung neu gestaltet. Das schien plötzlich zum guten Ton zu gehören. Simon, ein äußerst talentierter Australier, der seinen Aufstieg zum begehrtesten Designer Hongkongs selbst „überaus überraschend" nennt, war gerade 28, als er – damals noch für seine frühere Firma – wenige Wochen nach seiner Ankunft den Auftrag für diese imposante Wohnung erhielt. Heute

GEGENÜBER *Die Rotunde, die über drei Etagen führt, bereichert den Grundriss um eine neue, formvollendete Dimension. Die unterschiedlich tief hängenden Deckenleuchten stammen von Barovier und Toso, der Rest des Mobiliars wurde in London gekauft.*

OBEN *Mit Stühlen wie diesem (er wurde in London erworben) stellte Simon die Entwürfe von Garouste und Bonetti in Hongkong vor.*

RECHTS OBEN *Glanzlicht des Salons ist eine exquisite französische Konsole, die eine frische Vergoldung erhielt, weil der Eigentümer fand, das Original sehe „dreckig" aus. Das Gemälde, die Arbeit eines zeitgenössischen russischen Künstlers, entdeckte Simon Jackson in einer Londoner Galerie.*

RECHTS UNTEN *Das gesamte Interieur wurde auf die Farbe des Reichtums – Gold wie in Goldbarren – abgestimmt. Die Sofas und der Couchtisch sind Originalentwürfe von Simon Jackson, die Louis-seize-Stühle jedoch in Hongkong erstandene Reproduktionen.*

leitet er seine eigene Beratungsfirma, zu deren Klientel einige der führenden Geschäftsleute Hongkongs gehören.

1989, als Simon diese Wohnung entwarf, wünschten die meisten Hongkonger ein von einem westlichen Designer im westlichen Stil gestaltetes Zuhause. Was die Einzelheiten anging, ließen sie dem Innenarchitekten ihres Vertrauens in der Regel freie Hand, solange sie nur das Gefühl hatten, ihr Geld sei gut angelegt. Hier, in einer der größten Wohnungen der einstigen Kronkolonie, zählten dazu auch vergoldetes Mobiliar und Marmorsäulen. Simon kümmerte sich um alles: Er flog zum Einkaufen und auf Auktionen nach New York und London und beriet seine Klienten in Bezug auf Muster und Materialien. Selbst beim Kauf von Kunstwerken vertrauten sie völlig auf sein Urteil. Simon seinerseits vertritt die Ansicht, dass eine Wohnung den Charakter ihres Eigentümers wiedergeben sollte: „Die Leute müssen sich wohl fühlen. Sie dürfen sich nicht überfordert fühlen von einer Umgebung, die sie möglicherweise nicht verstehen."

Für diese speziellen Kunden schien ihm ein großzügiges, eindrucksvolles Ambiente angemessen. Die Rotunde im Zentrum der Wohnung, die an den Kuppelraum einer italienischen Renaissance-Kirche erinnert, erhebt sich über drei Geschosse. Der mit Spuren von

GEGENÜBER *Die viergeschossige Wohnung liegt im 43. bis 46. Stock der Convention Plaza, des bekanntesten Ausstellungszentrums von Hongkong zwischen Grand Hyatt und New World Harbor View Hotel. Der gesamte Gebäudekomplex, der einen traumhaften Blick über die Stadt und den Hafen gewährt, ist im Besitz der Familie.*

LIPPO

LINKS *Diese Bonsai – auf mit Goldscheiben versetzten Marmorsäulen – verstärken das Element des Formellen und brechen zugleich die strenge Linienführung der gläsernen Wandfläche.*

LINKS UNTEN *Diesen Tisch mit passendem Spiegel entdeckte Simon in New York. In der Vitrine „schwimmt" das Messingmodell eines japanischen Kriegsschiffes.*

GEGENÜBER *Das Treppenhaus verbindet die vier Etagen einer der größten Wohnungen Hongkongs. Über den Marmorstufen wurde ein Teppich im Leopardendessin verlegt.*

Kupfer versetzte marmorierte Anstrich wird von waagrecht geführten Bronzebändern durchbrochen. Die in Boden und Decke eingelegten Goldscheiben spiegeln das Licht der als Sonderanfertigung in Venedig hergestellten Lüster aus Muranoglas. Sämtliche Räume, die von diesem grandiosen künstlichen Mittelpunkt der Wohnung abgehen, gleichen von der Ausstattung her den Staatsgemächern eines europäischen Königsschlosses. Auf Wunsch der Eigentümer wurde in diesem Bereich zugunsten formeller Eleganz auf jede Art von Gemütlichkeit verzichtet.

Gekonnt setzte Simon die förmliche Strenge der Einrichtung gegen den atemberaubenden Panoramablick ab, den die Wohnung dank ihrer eindrucksvollen Lage im 43. bis 46. Stock des Wolkenkratzers genießt. Abgesehen vom Treppenhaus – wo Simon die Glashaut des Gebäudes mit einer Konstruktion aus überdimensionalen Bullaugen abdeckte, um, wie er sagt, „den Eindruck von Räumlichkeit zu verstärken und der Aussicht zusätzliche Dramatik zu verleihen" – besitzen alle Zimmer aller Etagen raumhohe Fenster, durch die jede Menge Licht ins Innere fällt.

Sicherlich ist es nicht zuletzt diese Fülle an unkonventionellen Ideen und Originalität, verbunden mit seinem umgänglichen Wesen, die Simon solches Ansehen bei seiner Hongkonger Klientel eingetragen hat. 完

EXTRAVAGANTES DESIGN

精心的生活

Als Wailee Chow den Entschluß fasste, ihrem Elternhaus den Rücken zu kehren und sich ein eigenes Heim zu schaffen, hatte sie schon eine Vorstellung von dem, was sie wollte. Die Architektin, die mittlerweile ihr eigenes Büro leitet, war keine Sekunde lang gewillt, sich mit einer Wohnung in einem der modernen Apartment-Blocks zufrieden zu geben. Und da sie keinen Kompromiss schließen wollte, verbrachte sie ungezählte Wochenenden damit, Hongkong auf der Suche nach jenem Altbau zu durchkämmen, der ihrer Kreativität Flügel verleihen würde. Sie war Anfang 30, als sie fand, wovon sie bislang nur zu träumen gewagt hatte: eine Wohnung im letzten noch erhaltenen Teil einer Terrace aus dem Jahr 1925, mit original Jugendstilfenstern und hohen Räumen. „Ich klingelte und fragte, ob die Wohnung zu vermieten sei, und man sagte mir, ich solle in einem halben Jahr wiederkommen", erinnert sie sich. Aber das Warten hat sich gelohnt.

Wailee ließ nahezu alle Wände im Erdgeschoss entfernen, so dass lediglich zwei riesige Räume – im Stil eines New Yorker Lofts – übrig blieben, die sie mit einer eklektischen Mischung von Einzelstücken möblierte. Wie viele Chinesen ihrer Generation, die im Ausland lebten (Wailee hat in Bristol und Oxford studiert), sagt sie, dass die unterschiedlichen Kulturen ihren Geschmack

GEGENÜBER *Drei Monumentalgemälde des jungen italienischen Architekten Campenelli bestimmen den großzügig dimensionierten Wohnbereich. „Ich liebe das Gefühl von Architektur, das sie ausstrahlen", sagt Wailee.*

OBEN *Eine Fotoserie von Willy Moy: der Gelbe Hügel, ein beliebter Ausflugsort im Herzen Chinas, bei verschiedenen Witterungsverhältnissen. Die unterschiedlichen Stimmungsbilder der Landschaft faszinieren Wailee stets aufs Neue.*

LINKS UND GANZ LINKS *Dieses erlesene Chagrin-Schränkchen ist die Kopie eines Möbels (heute im Musée des Arts Decoratifs in Paris) von Iribe, der in den 20er und 30er Jahren exquisite Stücke entwarf. Der Hongkonger Möbeldesigner Garrison Rousseau hat die Schönheit von Chagrin wiederentdeckt; er arbeitet mit gefärbter Haut des Stachelrochens.*

OBEN *Wailees heiß geliebter Flügel erhöhte die Anforderungen an die Traumwohnung zusätzlich: Sie musste nicht nur groß genug sein, sondern auch über eine exzellente Akustik verfügen – etwas, worauf wenige Wohnungssuchende Wert legen und moderne Architekten nur in Ausnahmefällen achten. In Wailees neuem Heim sind die Zimmer vier Meter hoch.*

RECHTS *Dieser eigenwillige Glas-Stuhl ist das Werk des britischen Möbeldesigners Danny Lane, mit dem Wailee seit der Schulzeit befreundet ist.*

wesentlich beeinflusst und den Stil ihrer Einrichtung geprägt haben. „Ich schätze Antiquitäten, weil sie gute Handwerksarbeit, wohlproportioniert und eine echte Geldanlage sind. Aber ich habe auch ein oder zwei moderne Stücke, die den Bezug zu der Zeit herstellen, in der wir leben", sagt sie und weist auf ihre Biedermeiermöbel, die Le-Corbusier-Liege und die zeitgenössischen Designerstücke.

Auf Konventionen gibt sie nicht viel; was zählt, sind ihre eigenen Vorlieben, ihr individueller Lebensstil. So hat sie sich die Badewanne am Fußende ihres Bettes installieren lassen, weil sie für ihr Leben gerne badet und sich dieses Vergnügen zweimal am Tag gönnt. „Die besten Ideen für meine Arbeit kommen mir, wenn ich entspannt im warmen Wasser liege", erklärt sie und erinnert sich mit Grausen an die Zeit, als sie ein Badezimmer mit ihren Geschwistern teilen musste, die immerzu an die Tür klopften. „Ich verabscheue die Kälte und die Fliesen und den Seifengeruch von Badezimmern." Jetzt kann sie sich aus dem Bett ins heiße Wasser gleiten lassen, die Kerzen anzünden, Papaya essen und ihren Gedanken freien Lauf lassen.

Obwohl Wailee eine begeisterte Hobbyköchin ist, hat sie kein separates Speisezimmer, sondern stellt stattdessen bei Bedarf eine Reihe von kleinen Tischen im Wohnzimmer auf. In dem großen Raum befindet sich ihre Bulthaup-Küche mit rollbaren Schubladenkästen sowie Geschirrschränken und Kühlschrank mit Glasfront.

Ihre zweite große Liebe ist die Kunst, und obwohl sie sich vor Neuanschaffungen von einem Fachmann beraten lässt, verlässt sie sich in erster Linie doch auf ihren Instinkt. „Wenn mir etwas gefällt und ich es mir leisten kann, dann kaufe ich es", gesteht sie. Ihre Sammlung besteht vorwiegend aus zeitgenössischen Werken von Freunden und Mentoren. Das wohl kostbarste Stück ist ein Ölbild von Raoul Dufy. „Genauso bin ich", sagt Wailee. „Ich stehe zwischen Moderne und Klassik." 完

OBEN *Ihre Badewanne hat Wailee ganz nahe am Bett installieren lassen, „damit ich mich direkt reinrollen kann. Der Gedanke, mein warmes Bett zu verlassen, um in ein kaltes, gekacheltes Badezimmer zu gehen, hat mich schon immer abgeschreckt."*

GEGENÜBER *Ebenso funktionell wie formvollendet: In den gläsernen Bulthaup-Küchenschränken findet Wailee sofort, was sie sucht, wenn sie eine ihrer kulinarischen Köstlichkeiten zubereitet.*

ZANUSSI

KLUB – NOSTALGIE

顶尖儿

Das Kind ist noch jung, erst 1990 geboren, und doch schon genauso Teil von Hongkong wie die Tram, Taipan – und wie sein Schöpfer und Mentor David Tang, ein hochkarätiger Impresario, der weiß, wie man Träume Wirklichkeit werden lässt. Mit dem China Club, der fast über Nacht zum Dreh- und Angelpunkt des gesellschaftlichen Lebens von Hongkong aufstieg und von Anfang an dicke schwarze Zahlen schrieb, hat er einen Volltreffer erzielt. „Meine Klubs", sagt er und schließt damit sein zweites Kind in Peking mit ein, „sind ein Protest gegen die Art und Weise, wie Hongkong und China unmerklich immer mehr auf den Westen zudriften." Hier in Hongkong hat er als Grundthema die Atmosphäre des vorrevolutionären Shanghai gewählt, mitsamt dem nostalgischen Flair von Teepavillons und Art-déco-Zierrat, und dazu einen Schuss „Funk" gegeben: kraftvolle zeitgenössische chinesische Kunst und klare Farben, kombiniert mit einer Mixtur aus Pomp und Dekadenz. Und nur wenige Tage vor der großen Eröffnung wurde David gesichtet, wie er, einen groben Hammer in der Hand, den Alterungsprozess einiger zu neu aussehender Oberflächen beschleunigte.

Wie üblich verzichtete David weitgehend auf Innenarchitekten und richtete den Klub ganz nach seinem eigenen Gusto ein. Er besorgte die meisten Ein-

GEGENÜBER *Die Terrasse des China Club, einst Schauplatz blutiger Unruhen, die dem kommunistischen Aufstand 1967 vorausgingen, liegt heute im Schatten des Citibank Buildings.*

OBEN *Nachbildung eines versilberten Aschenbechers aus den 30er Jahren, wie sie David Tang für seinen Privatklub anfertigen ließ, um die Atmosphäre möglichst authentisch zu gestalten.*

LINKS *Das alte Ledersofa entdeckte David auf dem Trottoir vor dem Londoner White's Club. Welcher Wink des Schicksals, dass der altehrwürdigste Gentlemen's Club einem jungen Nachfahren in Hongkong gleichsam ein Erbstück vermacht!*

LINKS UNTEN UND GEGENÜBER *Die Long March Bar, benannt nach Maos Langem Marsch, weist zahlreiche Art-déco-Elemente auf. Den Tresen bearbeitete David eigenhändig mit dem Hammer, um ihn abgenutzt aussehen zu lassen. Die gehäkelten Sesselschoner gehen auf die 40er Jahre zurück.*

käufe selbst und rückte die Möbel so lange herum, bis alles seinen Vorstellungen entsprach. Ohne seinen vollen Einsatz wäre es niemals gelungen, das China der Hollywood-Vorkriegsfilme wieder aufleben zu lassen. „In Hongkong gab es nichts Derartiges", erklärt David. „Sämtliche feinen Restaurants liegen in Nobelhotels, die vor Chrom und Marmor nur so blitzen. Ich wollte einen Ort schaffen, in dem man sich einfach wohl fühlt."

Behäbige Lehnsessel in Rot und Gelb und chinesische Antiquitäten empfangen den Besucher im Foyer, von dem aus man in den prächtigen Speisesaal gelangt, der mit Deckenventilatoren, Marmortischen und kunstvollen Holzstühlen ausgestattet ist. Eine einladende Treppe mit elegantem schmiedeeisernen Geländer führt in schwungvollem Bogen zur Long March Bar, einem lang gestreckten, in kühlen Silbertönen gehaltenen Raum. Vorbei an einer Reihe kleinerer Salons und Mahjong-Spielhallen geht es zur Bibliothek, die in der obersten Etage liegt und Davids Privatsammlung von rund 6000 Bänden über das „Reich der Mitte" und das chinesische Volk beherbergt. Der China Club ist kein Klub für Fitness-Freaks. „Wenn jemand in einem Klub trainieren möchte, dann soll er das in geistiger Hinsicht tun", meint David, der mit Begeisterung alles Gedruckte verschlingt. Allerdings muss

GEGENÜBER *Der Eingangsbereich stimmt den Besucher bereits auf die Atmosphäre des gesamten Klubs ein: ein heiteres Zusammenspiel aus englischen und chinesischen Elementen, das Davids anglophile Neigungen ebenso widerspiegelt wie seine nostalgische Sehnsucht nach dem China der Kaiserzeit.*

LINKS *Eine Gruppe von Keramikfiguren aus der Zeit der Revolution. Nach dem Langen Marsch, den sie darstellt, hat David die Bar seines Klubs benannt.*

UNTEN *Wer die elegante Treppe des Klubs hinaufsteigt, passiert eine eindrucksvolle Sammlung zeitgenössischer chinesischer Gemälde, darunter viele Porträts.*

er zugeben, dass die Mitglieder zwar ihre Gäste voller Stolz auf die dicht bestückten Bücherwände hinweisen, aber kaum jemals eines aus dem Regal nehmen und sich zum Lesen in eine ruhige Ecke zurückziehen. Die Bibliothek überblickt die Terrasse, auf der Kommunisten den Aufstand probten, als 1967 die Unruhen der chinesischen Kulturrevolution auf Hongkong übergriffen. Das Gebäude selbst beherbergte früher die Bank of China und galt als Hochburg der Kommunisten in Hongkong. „Schon als Kind, bevor wir wegen der Unruhen nach England übersiedelten, hatten die oberen Etagen dieses Hauses für mich etwas Geheimnisvolles“, erinnert sich David.

Von Anfang an plante er, den China Club in den obersten drei Etagen seines Lieblingsgebäudes einzurichten. Die ehemalige Bank schien ihm auch deshalb der ideale Ort für sein ambitioniertes Unterfangen, da sie die Spannungen zwischen Ost und West, die das Wesen Hongkongs ausmachen, aufs Schönste symbolisiert. 完

OBEN *Die Esstische sind im Stil eines Shanghaier Teehauses der Vorkriegszeit eingedeckt. Die geschliffenen und mit Gravuren geschmückten Teegläser sowie die versilberten Stäbchen gibt es gleich nebenan bei Shanghai Tang zu kaufen, einem feudalen Konsumtempel, den David kurze Zeit nach dem China Club ins Leben rief.*

LINKS *Die Nischen in rotem Leder und schwarzem Holz hat David selbst entworfen, ebenso die kleinen Buntglas-Medaillons, die einen reizvollen Blickfang bilden. Das Bild des chinesischen Malers Chiu Ya Tsai erinnert im Stil an Modigliani.*

UNTEN *Hinter einem Buntglasfenster begrüßt ein Angestellter in blütenweißer Uniform mit rot besetztem Mao-Kragen die Klub-Mitglieder und ihre Gäste.*

GEGENÜBER *Vor dem Speisesaal, wo ausschließlich chinesische Gerichte serviert werden, haben Davids anglophile Neigungen Halt gemacht. Unglaublich, aber wahr: Alle 180 Essstühle haben unterschiedlich geschnitzte Rückenlehnen. David hat sie in mühsamer Kleinarbeit in China und Hongkong zusammengekauft.*

VERBORGENE SCHÄTZE

亚拉丁的洞穴

Einem jungen thailändischen Aristokraten, Harry Bunyarak, ist es gelungen, eine gewöhnliche Hongkonger Wohnung in einen Schaukasten asiatischer Kunst und Antiquitäten zu verwandeln. Kaum zu glauben, dass sein Heim aus nur vier mittelgroßen Zimmern besteht, deren Grundriss dem Millionen anderer Durchschnittsapartments im Großraum Hongkong gleicht. Noch verwunderlicher fast, dass er es geschafft hat, eine solche Fülle wunderschöner Dinge in derart kurzer Zeit zusammenzutragen – er ist gerade einmal 28 Jahre alt. Andererseits hatte Harry das Glück, seit seiner Kinderzeit von edlen antiken Stücken umgeben zu sein. Darauf führt er auch seine Leidenschaft für stilvolle chinesische Möbel, thailändisches und tibetanisches Silber und zeitgenössische asiatische Kunst, seine drei Hauptinteressensgebiete, zurück.

Obwohl das Speisezimmer recht eng ist, lädt Harry gerne Gäste ein, bevorzugt Leute aus der Kunstszene. Bei gedämpftem Licht und im Schein sanft flackernder Duftkerzen wirkt sein Zuhause wie ein Ort voll optischer Genüsse aus 1001 Nacht und bildet den passenden Hintergrund für Harrys Berichte von all den wunderlichen Abenteuern, die er bei der Suche nach seinen Schätzen erlebte. Eine Geschichte handelt von seinem Händler für tibetanisches Silber, einem geborenen Holländer aus

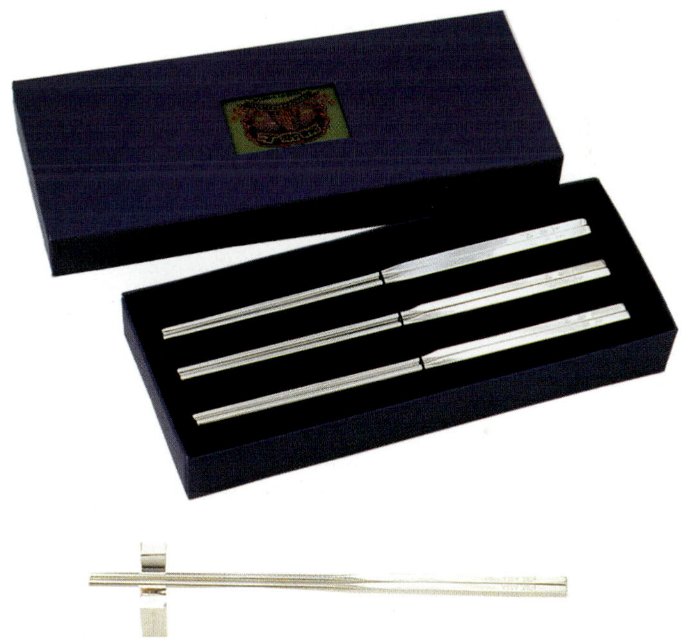

GEGENÜBER *Einer der Räume erhielt einen hochglänzenden Anstrich in Feuerrot, goldbraune Vorhänge aus Thaiseide und wurde mit Hilfe eines Glastisches und nachgebildeter Ming-Stühle in ein stimmungsvolles Speisezimmer verwandelt. Das blauweiße Geschirr fertigte eine Hongkonger Fabrik nach einem altchinesischen Muster.*

OBEN *Versilberte Essstäbchen – Teil von Harrys umfangreicher Silbersammlung – verleihen einer traditionell chinesischen Mahlzeit einen Hauch Exotik.*

LINKS *In dieser Ecke des Wohnraums konzentriert sich Harrys Sammlung von blauweißem Ching-Porzellan, das er in großer Zahl in Hongkong kauft – allerdings eher zu Dekorationszwecken denn als Investition. Das Gemälde, das nur von Kerzen beleuchtet wird, ist eine frühe figürliche Arbeit von Dao Hai Phong, einem der vietnamischen Künstler, deren Werke Harry besonders schätzt.*

Lhasa, der sich immer bei Harry meldet, wenn er in Hongkong ist, um mit den Topleuten der Branche Geschäfte zu machen. Die beiden kennen sich seit Harrys 16. Lebensjahr, als er mit seinen Eltern Ferien in dem Hotel machte, in dem der Händler damals seine Waren feilbot. Seit dieser Zeit kauft Harry bei ihm.

Und dann gibt es noch die Geschichte von der Vier-Tage-Wallfahrt nach Isarn in Ostthailand, wo er die Aufständischen bestechen musste, um die isoliert gelegenen Khmer-Tempel (12. Jahrhundert) besuchen zu können. Er kehrte mit Kisten voller Khmer-Artefakte zurück: angelaufenen Bronzen und vergoldeten Rasseln, Ringen, zerbrochenen Armreifen und ähnlichen Schätzen, auf die die Bauern bei der Bestellung ihrer Äcker gestoßen waren. „Die Archäologie ist in einigen Teilen Thailands noch recht unterentwickelt", kommentiert er diese Tatsache lapidar.

Harry hat die Vier-Zimmer-Wohnung nach seinen eigenen Bedürfnissen eingerichtet: Es gibt ein Arbeits-, ein Speise-, ein Ankleide- und ein Schlafzimmer, und alle beherbergen Stücke seiner kostbaren Kollektion. Kaum ein Zentimeter Wandfläche bleibt zwischen den vielen Bildern frei, die Harry ebenfalls sammelt. An langen Wochenenden fliegt er gerne nach Hanoi, um dort eine Freundin zu treffen, die ihm geholfen hat, sein Auge für Qualität zu schulen. Mai, die dort ihre eigene Galerie führt, gehörte zu den ersten Förderern der populären zeitgenössischen Kunstströmung Vietnams. Mit ihr zusammen besucht Harry Ateliers. „Es fällt mir schwer", klagt er, „nicht alles zu kaufen, sondern nur vier oder fünf wirklich exzellente Stücke."

Wie gut, dass Harry als Börsenmakler oft umziehen muss. Er braucht nämlich dringend eine größere Wohnung, sofern er seine Kaufleidenschaft nicht einschränkt – was er nicht vorhat: „Ich denke, ich werde meine Sammlung auf Zeichnungen Alter Meister ausdehnen", sinniert er. „Die passen gut zu dem, was ich bereits besitze." 完

OBEN *Zwei „Hühnerkäfig"-Stühle aus der Ching-Zeit schmücken das Wohnzimmer. Zu Harrys exquisiter Silber-Sammlung zählen kunstvoll verzierte Tassen und kleine Schreine (die auf Reisen mitgenommen wurden) aus Tibet sowie Schalen und Betelnuss-Gefäße aus Thailand.*

RECHTS *Eine Schale und ein Teller aus Harrys Porzellan-Sammlung. Beide Stücke datieren aus der Kangxi-Epoche (1661–1722).*

GEGENÜBER *Den Schreibtisch in seinem Arbeitszimmer ließ Harry nach einem traditionellen Ming-Design anfertigen. Neben den vietnamesischen Bildern in diesem Raum hängen auch zwei Arbeiten von Harry, der, wenn ihn die Malwut packt, auch selbst einmal eine Staffelei aufstellt und im Licht des Mondes zu malen beginnt. Der Stuhl ist mit denen im Speisezimmer identisch.*

OBEN *Das dunkle Ölgemälde in Harrys sparsam möbliertem Schlafzimmer ist eine frühe Arbeit von Dao Hai Phong, die Harry direkt von dem Künstler kaufte, als er diesen in seinem Atelier in Hanoi besuchte.*

RECHTS *Ein gebeiztes chinesisches Schränkchen im Ankleidezimmer wurde zum Schuhschrank umfunktioniert. Darüber hängt ein Bild, das Harrys französischer Onkel malte und das seine Nichte und seinen Neffen zeigt.*

VORBILDLICHE ELEGANZ

高雅的模式

Auf den ersten Blick glaubt man sich hier eher in Beverly Hills als in Hongkong. Dieses Art-déco-Haus ist das einzige seiner Art auf der Insel und gab insofern die ideale Kulisse für seine ehemalige Eigentümerin, das gertenschlanke Mannequin Sally Mount, ab. Sally und ihr englischer Ehemann Duncan verkauften das Haus 1996 für 163 Millionen Hongkong-Dollar (umgerechnet 20,8 Millionen US-Dollar), um in ein nicht minder spektakuläres Anwesen in der Nähe des Hafens von Sydney, Australien, umzuziehen. Fünf der sieben Jahre, die sie in diesem Haus lebten, verbrachten sie mit Renovieren – eine Arbeit, für die sie anfangs bestenfalls einige Monate einkalkuliert hatten: Nicht umsonst wird in Hongkong mehr abgerissen und neu gebaut als renoviert und restauriert.

Obwohl das fertige Haus absolute Exklusivität verkörpert – das perfekte Ambiente für kostbare Kunstwerke und edle Einzelstücke –, war es doch immer in erster Linie das Zuhause einer großen Familie, ein Ort, an dem Kinder ihre Plastikautos über das polierte Parkett jagten und unter den Stühlen, die den massiven Esstisch umgaben, durchkrabbelten und Versteck spielten.

Die 650 Quadratmeter Wohnfläche erlauben eine derart großzügige Aufteilung, dass beispielsweise die Diele mehr Raum einnimmt als das beileibe nicht kleine Speise-

GEGENÜBER *An dem massiven Tisch fanden viele Dinnerpartys statt. Die rund drei Meter lange Marmorplatte stammt aus Venetien, und die Stühle sind italienisches 18. Jahrhundert.*

OBEN *Ein Kabinettschränkchen von Mark Brazier-Jones; die geschwungenen Beine erinnern an Korallen.*

GEGENÜBER *Die imposante Eingangshalle mit der geschwungenen Treppe bildet die passende Einstimmung auf den Stil des Art-déco-Hauses. Der Tisch ist eine Arbeit von Nick Allen, der Leuchter wurde nach einem Entwurf von Mark Brazier-Jones gefertigt.*

RECHTS *Die zeitgenössische Konsole und der Spiegel von Scott Cunningham, die auf interressante Weise mit dem kambodschanischen Torso harmonieren, verleihen der Gästetoilette etwas Pompeijanisches.*

zimmer. Viele Wände sind gewölbt, da sie die schwungvolle Biegung der Treppe aufgreifen, deren schmiedeeisernes Geländer den Art-déco-Charakter perfektioniert.

Das Anwesen wurde in den 40er Jahren für den Hongkonger Industriemagnaten Sir Run Run Shaw errichtet, der es bis zur Fertigstellung des Aberdeen-Tunnels, der heute die Südseite der Insel mit dem Wirtschaftszentrum des Nordens verbindet, als Landsitz nutzte. Danach diente es als Drehort für Filme, und die Stuntmen, die mit Motorrädern durch die Fenster der oberen Etage brachen, um auf der davor liegenden Bucht zu landen, taten nichts dazu, den Zustand des Hauses zu verbessern.

Die Möblierung, die Sally und Duncan wählten, überrascht in jedem Zimmer aufs Neue. Der Geschmack des Ehepaars umfasst einen ungewöhnlichen Mix verschiedenster Stilrichtungen und Epochen: vorwiegend Klassizismus, französischer Barock und zeitgenössische Möbelmacher. Die Mounts zählen zu den besten Kunden führender britischer Designer – Mark Brazier-Jones, Scott Cunningham, Nick Allen, Danny Lane und William Walker, deren Arbeiten von Trendsettern wie Terence Conran, Madonna und Mick Jagger gekauft werden. Auf poliertem Parkett und cremeweißen Teppichböden kommen die auffälligen Stücke effektvoll zur Geltung; ein Übriges tun die schmucklosen Wände, die in einigen Räumen mit Wandmalereien abwechseln – ägyptischen Motiven im Bad und einem Capriccio im Speisezimmer.

Das Glück war dem Haus von dem Tag an hold, an dem Duncan und Sally den Kaufvertrag unterschrieben. Fast wäre dieser wunderschöne Art-déco-Bau nämlich abgerissen worden. So aber brachte dieses architektonische Juwel beim Auszug der Mounts Ende 1996 den höchsten Preis, der jemals auf einer Auktion für ein Wohnhaus in Hongkong erzielt wurde, und konnte nachfolgenden Generationen erhalten werden. 完

GEGENÜBER UND LINKS OBEN *Nigel Crawley schmückte Duncans Ankleideraum mit einem Wandgemälde von Sally vor einer Harley Davidson. Das Sofa entwarf Scott Cunningham.*

LINKS UNTEN *Was Deko-Elemente angeht, beschränkten sich die Mounts im gesamten Haus auf das absolute Minimum; so kommen Designer-Möbel wie dieses Bett von Scott Cunningham maximal zur Geltung.*

UNTEN *Dieser Metallflügelstuhl ist ein Entwurf des britischen Designers Mark Brazier-Jones, dessen kapriziöse Möbel ihn in den 80er Jahren zum Liebling der Londoner Schickeria machten.*

UNTEN *Der Fernsehschrank ist eine Sonderanfertigung von Mark Brazier-Jones, dessen organische, ornamentale Entwürfe weniger dem rationalen Intellekt entspringen als vielmehr einem Repertoire bunt zusammengewürfelter Erinnerungen. Sein Werk hat Eingang in so namhafte Museen wie den Louvre und das Centre Pompidou in Paris gefunden.*

GEGENÜBER *Der Blick aus dem Schlafzimmer beweist, dass das Feng Shui dieses Hauses besser nicht sein könnte: Die Biegung der Bucht bedeutet Sicherheit, das Wasser steht für Geld, und die vorgelagerten Inseln sorgen dafür, dass es nicht zwischen den Händen zerrinnt. In den 17 Jahren, die Duncan in Hongkong verbrachte, lernte er Feng Shui schätzen, weshalb die Familie nie den Haupteingang, sondern immer eine Seitentüre benutzte.*

OBEN *Als Student borgte sich Duncan regelmäßig das Auto seiner Mutter aus, um Auktionen auf dem Land rund um London zu besuchen. Heute kann er es sich leisten, bei Sotheby's und Christie's so kostspielige Stücke zu ersteigern, wie im Wohnzimmer der Mounts stehen: ein Louis-quinze-Sofa mit Gobelin-Kissen, einen exquisiten Spiegel und Kamin (alles 18. Jahrhundert). Der Couchtisch ist französisch und stammt aus den 20er Jahren.*

LINKS UND UNTEN *Die versenkte Marmorwanne ist einer Kleopatra würdig. Tagsüber machen Panoramafenster, die sich in der spiegelverkleideten Wand über den Waschbecken spiegeln, künstliches Licht überflüssig. Abends schaffen gedämpfte Decken- und Wandleuchten eine behagliche Atmosphäre.*

GEGENÜBER *Das Bad ist im ägyptischen Stil gehalten. Die dekorativen Wandgemälde hat Nigel Crawley entworfen und auch selbst ausgeführt. Durch die griechische Vase fließt ein authentisches Element der Antike ein.*

EINE PASSION FÜR GOLD

金屋

Zu Hause in Hongkong sind sie das meistfotografierte Ehepaar, im Ausland werden sie als Botschafter des gesellschaftlichen Image der Stadt empfangen: Kai Bong und Brenda Chau, deren harmlose Freude am Prunkvollen ihnen den Ruf eingebracht hat, sich gerne zur Schau zu stellen. Ihre gesellschaftlichen Pflichten halten sie an mindestens vier Abenden pro Woche auf Trab, und um den damit verbundenen Anforderungen an Eleganz und Schönheit gerecht werden zu können (schließlich kostet beides viel Zeit), hat Brenda vor einiger Zeit sogar ihren Beruf als Rechtsanwältin aufgegeben.

Angeblich brachten die beiden, die in den 60er Jahren in London studierten, die Mode von der Carnaby Street nach Hongkong: „Kein Mensch hatte hier einen Minirock oder eine Brigitte-Bardot-Frisur gesehen, bevor Brenda sie einführte", versichert Kai Bong. Perfekter Kleiderkode bedeutet für die beiden, dass Kai Bongs Weste und Krawatte aus demselben kostbaren Stoff maßgeschneidert sind wie das Ballkleid seiner Gemahlin, und sogar der Chauffeur trägt, je nachdem, welchen Rolls Royce er fährt, eine blassrosa oder goldfarbene Uniform.

Der beeindruckende Wohnsitz der Chaus an der Westseite der Insel heißt nicht umsonst Villa d'Oro („Goldenes Haus"), denn hier ist tatsächlich alles Gold,

GEGENÜBER *Die Farbe Gold gefalle ihnen ganz einfach, sagt Kai Bong. Hier eines der beiden vergoldeten Tafelservice, die gerne benutzt werden.*

LINKS *Das große Speisezimmer ist ganz in Gold gehalten, einzig das Glas-Wandbild „Blüten der vier Jahreszeiten" bildet ein farbiges Gegengewicht.*

was glänzt. Wahrscheinlich gibt es nur wenige Wohnungen, die den Charakter ihrer Eigentümer derart lebhaft wiedergeben. Vom Keller bis zum Dach ein Tempel für die Leidenschaft des Ehepaars für Rosa und Gold, prangt diese exklusive Villa als Paradebeispiel extravaganten Überflusses und erfreut sich großer Beliebtheit bei der internationalen Presse. Als die amerikanische Zeitschrift *National Enquirer* die Villa d'Oro jedoch als kostspieliger als das Weiße Haus bezeichnete, reagierte Kai Bong empört: „Im Grunde leben wir sehr bescheiden", erklärte er. „Jede Art von Prahlerei liegt uns fern; wir sind einfach

GEGENÜBER *Von der überdachten Veranda der Villa d'Oro bietet sich ein atemberaubender Blick über den Kanal.*

RECHTS OBEN *In den Buddha-Raum ziehen sich Kai Bong und Brenda zurück, wenn sie – gewöhnlich am frühen Morgen – von einer Abendgesellschaft nach Hause kommen. Hier finden sie Ruhe und Frieden, um besser einschlafen zu können.*

RECHTS UNTEN *Der berühmte Wagen, der Kai Bong und Brenda Chau den Spitznamen „Rosa-Rolls-Royce-Pärchen" eingebracht hat. Der Chauffeur trägt eine rosarote Mütze und eine farblich passende Weste.*

beide künstlerisch veranlagt, und es macht uns Spaß, unsere Ideen zu realisieren." Ein Beispiel für diese „künstlerische Veranlagung" ist die mit – von einer des Ballroben Brendas stammenden – Perlen bestückte Wand des kleinen („Dessert-") Speisezimmers. Hier hängt auch ein Porträt der Hausherrin, das ganz aus Perlen gearbeitet ist.

In beiden Speisezimmern besteht sämtliches Geschirr aus Gold oder ist zumindest vergoldet. Vom Speisezimmer aus gelangt man – in bewusster Abkehr vom herkömmlichen Grundriss – in das Schlafzimmer des Ehepaars, einen weiteren goldenen Raum mit prächtigen Stoffen und auf Hochglanz polierten Einbauschränken. Das angrenzende Bad – wie könnte es anders gefliest sein als in Gold? – ist das Ergebnis zahlreicher Europareisen von Kai Bong und Brenda, die keine Mühe scheuten, die ausgefallensten goldenen Wasserhähne aufzutreiben.

Das oberste Geschoss des Hauses ist der Kontemplation und einer eindrucksvollen Sammlung chinesischer Jadearbeiten gewidmet. In den sogenannten Buddha-Raum, eine Sinfonie in Korallenrot und Gold, zieht sich das Ehepaar zum Gebet und zur inneren Einkehr zurück. Kai Bong geht meist vor seiner Frau zu Bett, die fast immer bis zum Morgengrauen aufbleibt, um dann allerdings bis zum frühen Nachmittag durchzuschlafen.

Die Mittel für den luxuriösen Lebensstil der Chaus stammen aus der Beteiligung von Brendas Familie an der Kowloon Motor Bus Company, von Kai Bongs kürzlich verstorbenem Vater, Kai Bongs Immobiliengeschäften sowie aus der Anwaltskanzlei, die er nach dem Jurastudium in Cambridge, England, eröffnete.

Die beiden sind mit ihrem Haus so glücklich, dass sich in all den Jahren, die sie hier leben, nur zwei Dinge verändert haben: Die Dimension der Kleiderschränke und die Stärke des Albums, in dem sie die Zeitungsausschnitte über sich und ihr Zuhause sammeln. 完

UNTEN *Diese goldene Pagode war ein Geschenk der japanischen Regierung an Kai Bongs Vater, den Honourable Sir Sik-Nin Chau.*

RECHTS *Amerikanische Goldmünzen schmücken die Gästetoilette – ein weiteres typisches Detail.*

GANZ RECHTS *Porträt der Hausherrin Brenda Chau aus Mikimoto-Perlen.*

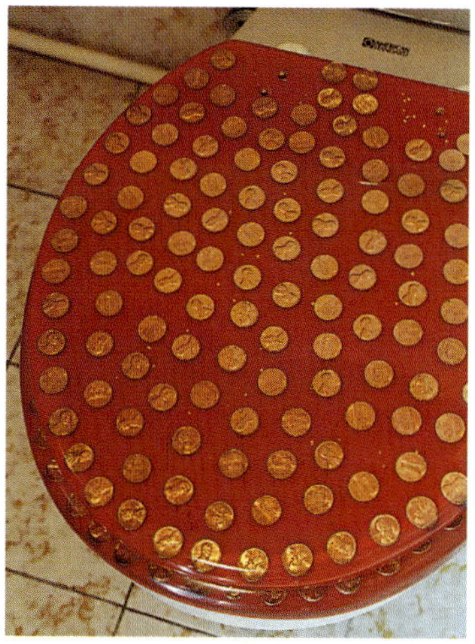

OBEN UND RECHTS OBEN *In Brenda Chaus Ankleidezimmer sind nicht einmal Waschbecken, Wasserhähne und Telefon der Berührung des Midas entgangen.*

GEGENÜBER *Mit Ausnahme des Glasbildes, das eine Wandfläche füllt, ist der gesamte Salon mit Gold verkleidet. Die Lüster wurden nach einem Entwurf der Chaus in Taiwan aus importiertem Kristall gefertigt. Die Sessel sind mit Springbock-Fellen bezogen.*

OASE IM HÄUSERMEER

城市中的隐密处

Dieses herrschaftliche Anwesen, eines der außergewöhnlichsten von Hongkong, wurde 1925 erbaut und steht noch heute – obgleich im Herzen eines besonders dicht bebauten Wohnviertels – vollkommen einsam. Diese himmlische Ruhe hat allerdings ihren Preis, denn man erreicht das Haus nur über einen ebenso steilen wie schmalen Pfad, der nur zu Fuß oder mit einem Golfwägelchen passierbar ist. Faszinierender Anachronismus in einer Stadt, die zum Sinnbild der Modernität geworden ist. Doch für die Mieter, Elisabetta und Peter Mallinson, erhöht dies nur den Reiz, denn trotz allem leben sie schließlich nur drei Autominuten vom Stadtzentrum entfernt. Es stört sie nicht, dass sich der Einzug über zwei Wochen hinzog, der Briefträger nur alle paar Tage die Post bringt und Gäste, die nicht gut zu Fuß sind oder Schuhe mit hohen Absätzen tragen, mit dem Buggy zum Eingang gefahren werden müssen.

Das Haus, das 20 Jahre lang eine englische Schule beherbergte, konnte dem Abriß bislang entgehen, weil es in Privatbesitz war – bis ein großes Bauunternehmen dem Eigentümer ein Angebot machte, das dieser beim besten Willen nicht ablehnen konnte. Nun ist es nurmehr eine Frage der Zeit, bevor der Kolonialbau einem Fitnessklub oder Wohnhochhaus weichen muss, was jedoch die der-

GEGENÜBER *Das Haus versteckt sich in einer fantastisch anmutenden grünen Oase inmitten einer der vornehmsten Wohngegenden Hongkongs. Auf der Veranda sind Vögel, Fledermäuse und Käuze schon fast regelmäßig zu Gast.*

OBEN *Das malerische Gartentor liegt am Ende eines schmalen, stellenweise steil ansteigenden Pfades, rund 500 Meter von der nächsten Straße entfernt. Beim Umzug schleppten 25 kräftige Männer zwei Wochen lang Möbel und Kisten herauf.*

GEGENÜBER *Eine Miniatur-Chaiselongue aus dem 18. Jahrhundert. Der Akt in dem ebenso dekorativen wie kostbaren Rahmen stammt von dem postimpressionistischen Maler Bloomfield, einem Protegé von Elisabettas Großeltern. Sie besitzt sechs seiner Aktgemälde – ein Geschenk ihrer Großmutter, der dieses Sujet zu pikant war.*

RECHTS *Für die Instandhaltung des Hauses, das auch im Inneren wunderbar gepflegt ist, wurden weder Kosten noch Mühen gescheut. Die Fenster sind aus Edelhölzern gefertigt, sämtliche Böden aus massivem Teak. Rechts und links der Eingangstür verbreitert sich der Aufgang zu einer Veranda, die sich um das ganze Haus herumzieht. Im ersten Stock verläuft entsprechend ein Balkon.*

zeitigen Mieter nicht daran hinderte, ihn in ein stilvolles Familiendomizil zu verwandeln. Wie viele in Hongkong lebende Ausländer sind die Mallinsons an häufige Umzüge gewöhnt. Als eine führende Investmentbank Peter von London nach Hongkong versetzte, hatten sie gerade die Renovierung ihrer dortigen Wohnung abgeschlossen.

Das Ehepaar hat die hohen, lichten Räume mit italienischen und britischen Antiquitäten möbliert, vieles davon Familienerbstücke, die mittlerweile um kostbare asiatische Stücke ergänzt wurden. Das für Hongkonger Verhältnisse ungewöhnlich große Haus hat eine hohe Halle, drei Wohnräume, ein Speisezimmer und ein Gewächshaus – alle mit gepflegtem Teakholzboden und raumhohen Fenstertüren, die sich zu der den ganzen Bau umziehenden Veranda hin öffnen. Auf der Terrasse, die mit Rosenbüschen und blühenden Topfpflanzen ein farbenfrohes Bild bietet, spielt sich ein Großteil des Familienlebens ab, und hier, im Schatten der hohen Bäume, werden am Wochenende auch gerne Gäste empfangen.

Elisabetta, die in Rom aufgewachsen ist, hat ein Stück Italien mitgebracht, genießt aber gleichzeitig den kulturellen Kontrast, den Hongkong bietet. Die gelernte Restauratorin hatte nicht gehofft, hier Arbeit zu finden, verbringt jetzt aber schon das zweite Jahr mit dem Katalogisieren und Restaurieren der Sammlung Jardine Mathesons von Handelsschiffsdarstellungen zweier führender Genremaler des 19. Jahrhunderts: Chinnery und Lamqua. Solche Gemälde aus der Zeit vor der Fotografie gehören zu den zuverlässigsten topografischen Dokumenten. Elisabetta hat sich im Dachgeschoss ein Atelier eingerichtet, wo sie täglich an der Staffelei arbeitet.

Jeden Samstag bummelt das Ehepaar gemeinsam durch die Antiquitätengeschäfte der Stadt; beide genießen die Gelegenheit, ihre europäische Sammlung um asiatische Schätze zu bereichern. 完

GEGENÜBER *Neben Elisabettas Schreibtisch steht ein burmesischer Lack-und-Holz-Buddha (19. Jahrhundert), wegen seiner eleganten Proportionen in Fachkreisen auch „Lady Buddha" genannt.*

OBEN *Im Speisezimmer ist eine in limitierter Auflage gefertigte zeitgenössische Skulptur der französischen Gebrüder Lalane zu bewundern.*

RECHTS UND RECHTS OBEN *An beiden Enden der breiten Veranda laden gemütliche Sitzgruppen zum Verweilen ein.*

GEGENÜBER *In einem der Gästezimmer hat ein altes italienisches Eichenholzbett Platz gefunden, das Elisabetta mit in die Ehe gebracht hat. Trotz seines europäischen Ursprungs fügt es sich harmonisch in die asiatische Umgebung ein. An der Decke wurde ein majestätischer Baldachin befestigt, der auch als Moskitonetz dient.*

OBEN *Laotische Textilien der Amerikanerin Carol Cassidy, dekorativ über einen Handtuchständer gebreitet. Cassidy, die in Vientiane, der Hauptstadt von Laos, lebt, gilt als Wiederentdeckerin der wunderbaren textilen Tradition des Landes. Arbeiten von ihr sind heute weltweit in Museen zu sehen.*

OBEN *Zwischen den Spielzeugregalen ihres Sohnes Alexander hängt Elisabettas frühestes Werk: Diese Szene aus dem Buch* Les Fables de La Fontaine *malte sie im zarten Alter von acht Jahren.*

LINKS *Das chinesische Gewand über der italienischen Eichenkommode ist ein Erbstück, das Peters Vorfahren von einer Asienfahrt mit nach England brachten.*

奧莉花
設計
髮型
高級
人
迦利理髮
專科
大華髮型
冷

運 賓 館
迎 時 租 過 夜 一 樓
西醫段洪程
DR. TUAN HUNG CHING
女西醫招劍玲
DR. CHAO CHIEN LING
KMB
End
止

ÖSTLICHE DEKORATIVE KUNST

东方装饰的艺术

UNTEN *Im 17. Jahrhundert aus fein gemasertem Huanghuali-Hartholz gefertigt, verkörpern dieser Tisch und Stuhl die zur Perfektion gereifte chinesische Tischlerkunst, die ohne Nägel und Schrauben auskommt.*

GEGENÜBER *Die aus der Zeit der Tang-Dynastie datierende Tonfigur (etwa 7. Jahrhundert) – hier auf einem ehemaligen Altartisch dekoriert – zeigt den Angriff eines Tigers auf einen berittenen Jäger.*

Keine andere Handwerkskunst vermag die unaufdringliche Schönheit und gediegene Eleganz des Ostens vollendeter wiederzugeben als chinesische Hartholzmöbel, unter deren glatten Oberflächen sich ein ausgefeiltes System von Verzapfungen verbirgt – entwickelt von chinesischen Tischlern, die damit den extremen Klimaschwankungen der Region, die jede Holzkonstruktion großen Belastungen aussetzen, Rechnung trugen. Die so entstandenen Stücke sind eine Mischung aus harmonischer Linienführung und kunstvollen Details. Ihre Form, häufig älteren Bambusmöbeln nachempfunden, und der warme Schimmer des *Huali*-Holzes sind ein ästhetischer Genuss.

RECHTS UNTEN *Eines der wichtigsten Kalligrafie-Utensilien und auf dem Schreibisch jedes chinesischen Gelehrten zu finden: auf Hochglanz polierte Pinselständer aus Hartholz (spätes 17. oder frühes 18. Jahrhundert).*

大吉

GEGENÜBER *Seit der Ming-Herrschaft wichtiger Bestandteil chinesischer Raumausstattung und später auch in großbürgerlichen europäischen Häusern beliebt: mit floralen Motiven und glückbringenden Symbolen bemalte oder intarsienverzierte Lackwandschirme. Die Jadescheiben gelten als Symbole der Gelehrsamkeit, während die stilisierten Pflanzendarstellungen für Gesundheit und Wohlstand stehen.*

RECHTS *Zartes Gitterwerk trägt diese Bambus-Altarbank aus dem 18. Jahrhundert. Auf solchen Möbeln wurden Weihegaben platziert, aber auch Bild- und Schriftrollen ausgestellt.*

UNTEN *Der überraschend modern wirkende Huanghuali-Trapez-Schrank datiert aus dem 17. Jahrhundert. Einzige Verzierung sind die metallenen Türriegel.*

RECHTS *Handelsschiffe waren in China schon immer ein beliebtes Motiv für Gemälde und Töpferwaren. Hier schmücken sie die in Unterglasurblau gearbeitete Porzellanplatte eines Tisches.*

UNTEN *Zur Zeit der mittleren Ching-Dynastie (1644–1911) erlebten mit Schnitzarbeiten verzierte Möbel eine neue Blüte. Auf dieser Stuhllehne stehen sich zwei Drachen zwischen Wolkenbändern gegenüber.*

LINKS *Mit wenigen Strichen hat der Kalligrafiepinsel hier eine zauberhafte sommerliche Szene geschaffen. Das rote Namenssiegel des Künstlers in der rechten unteren Ecke des Blattes ersetzt die Signatur.*

RECHTS *Stattliche Tonpferde wie dieses aus der östlichen Han-Dynastie (25–220 n. Chr.) wurden Fürsten und hohen Beamten mit ins Grab gegeben.*

OBEN *Die schlichte Schönheit chinesischen Kunsthandwerks zeigt sich an diesen aus Jade, Koralle oder Achat geschnittenen archaisch chinesischen bzw. buddhistischen Ornamenten. Auch emailliertes Metall wurde verwendet.*

LINKS *Dieser hufeisenförmige Armstuhl (18. Jahrhundert) ist aus Bambusrohr gefertigt – der preiswerten Alternative zu dem edleren, aber auch wesentlich teureren Rosenholz.*

GEGENÜBER *Im Gegensatz zu ihren asiatischen Nachbarn maßen die Chinesen Möbeln schon früh große Bedeutung bei. Dieser prächtige thronartige Edelholzstuhl schmückt sich mit nach außen geschwungenen Füßen, geflochtener Sitzfläche und einem ausladenden Geweih als Arm- und Rückenlehne.*

RECHTS OBEN *Eine Ruhestatt, die einer Kaiserin würdig ist. Dieses reich verzierte und in Rot und Gold lackierte Baldachinbett datiert aus dem 18. Jahrhundert. Zu der mit einem Tüllhimmel versehenen Liege gehören zwei Lacktruhen mit den traditionellen chinesischen Symbolen für Glück und langes Leben.*

RECHTS UNTEN *Diese steinerne Gnadegöttin Tara, eine Gottheit aus dem buddhistischen Pantheon, entstand im 10. Jahrhundert in Indonesien.*

GEGENÜBER *Das moderne Gesicht der chinesischen Kunst zeigt sich an dieser kolossalen Bronzeskulptur des Bildhauers Ju Ming. Die über drei Meter hohe Figur gehört zu einer Serie, die der Künstler* Kraft des Tai Chi *nannte.*

OBEN *Kräftige Erdtöne und grafische Motive kennzeichnen diese beiden Ningxia-Säulenteppiche aus dem frühen 19. Jahrhundert.*

RECHTS *In chinesischer Handarbeit ohne Nägel oder Klebstoff gearbeitet, ließ sich dieses Huanghuali-Baldachinbett (18. Jahrhundert) in Einzelteilen transportieren und ohne Umstände wieder zusammenbauen.*

HONGKONG LIFESTYLE

香港式生活

Hongkong ist eine Stadt, in der die Lichter niemals ausgehen. Mehr als fünfeinhalb Millionen Menschen leben in der pulsierenden Metropole, 80 Prozent davon auf weniger als acht Prozent des Stadtgebiets. Alles läuft hier in frenetischem Tempo ab, und es gibt kaum eine Möglichkeit, dem hektischen Fußgängerstrom, dem ständigen Verkehrsstau im Neon-Dschungel der Wolkenkratzer oder dem fast allgegenwärtigen ohrenbetäubenden Lärm der Presslufthämmer zu entrinnen. Gemeinhin als Paradebeispiel kapitalistischer Tugenden verpönt, dreht sich in Hongkong (fast) alles um harte Arbeit und nicht minder harten Wettbewerb. Und wenn sich die Hongkonger gerade einmal nicht ihrer Lieblingsbeschäftigung, dem Geldverdienen, hingeben, dann beeilen sie sich, es auszugeben. Deshalb hier ein kurzer Überblick über die bevorzugten Aufenthaltsorte von Hongkongs Hautevolee:

Fangen wir mit dem an, was die Hongkonger am besten können: einkaufen. Die Stadt ist ein Schaufenster der renommiertesten Modemacher. Christian Dior beispielsweise konnte seinen Umsatz in Hongkong von 1995 auf 1996 mehr als verdoppeln, und die beiden größten Hermès-Geschäfte Asiens liegen beide in Hongkong.

Wohlhabenden Trendsettern, die am liebsten frisch vom Laufsteg kaufen, begegnet man bei Joyce, dem führenden Lifestyle-Store Hongkongs. Das 50-Millionen-Hongkong-Dollar-Flaggschiff von Modeguru Joyce Ma steht dem breiten Warenspektrum seines Angebots an Ausgefallenheit in nichts nach.

GEGENÜBER *In ein Häusereck zwischen zwei schmale Gassen des Lan-Kwai-Fong-Distrikts gezwängt, ist das Le Jardin an den feuchtwarmen Hongkonger Abenden beliebter Treffpunkt für Jung und Alt.*

LINKS *Wanchai, einst berühmt-berüchtigter Rotlichtbezirk Hongkongs, präsentiert sich heute als bunter Mix überfüllter Geschäfte, Restaurants, Straßenmärkte und Nachtklubs.*

Treffpunkt von Shopaholics und Souvenirjägern aus aller Herren Länder ist Shanghai Tang, ein chinesischer Konsumtempel im Stil der (wunderbar dekadenten) 30er Jahre mit Nostalgischem und Zeitlosem, Essstäbchen und Mao-Memorabilien (von Uniformmützen bis zu Uhren) – auch in der Volksrepublik sehnt man sich nach der „guten alten Zeit“, die inzwischen wieder brandaktuell und top-

LINKS *In puncto Shopping gehört das Shanghai Tang ganz oben auf die Liste der Hongkonger Sehenswürdigkeiten. David Tangs Fashion-Emporium bietet schicke Herren- und Damenmode aus chinesischer Seide und anderen edlen Materialien.*

RECHTS *Maßgefertigte Kleidung vom Feinsten: Bei A-Man Hing, dem ältesten und einem der besten Schneider der Stadt, wird Qualität groß geschrieben.*

modisch geworden ist. Kitsch und Kostbarkeiten, Kaschmir und Seide zu Dumpingpreisen sowie jene Marken-Imitate, für die Hongkong so berühmt ist, machen einen Ausflug zum Stanley Market auf der Südseite der Insel zum Muss für Schnäppchenjäger. Ähnlich breit gefächert ist das Angebot am Temple Street Market, der allerdings erst abends richtig zum Leben erwacht. Echte chinesische Souvenirs – Stickereien, Woks und Akupunktur-Sets – gibt es, und zwar preisgünstiger als auf dem Festland der Volksrepublik, bei China Products und China Arts and Crafts.

Längst ist es kein Geheimnis mehr, dass (gute!) Hongkonger Schneider höchsten Ansprüchen gerecht werden und dabei zu einem Drittel des Preises arbeiten, den man in London zahlen müsste. Bei A-Man Hing Cheong, dem ältesten Schneider der Stadt, notiert man die Maße der Stammkunden – darunter führende Köpfe aus Politik und Wirtschaft – handschriftlich in altmodischen Büchern, und alle Anzüge werden auch heute noch auf handbetriebenen Singer-Nähmaschinen gefertigt.

Essen gehen ist in Hongkong genauso beliebt wie Einkaufen. Nudel-Stände bieten preiswerte Mahlzeiten, werden jedoch immer mehr von Nobelrestaurants verdrängt. Die Schickeria zahlt horrende Preise für die ita-

OBEN *Bis auf den Bürgersteig drängen sich die Gäste der Bar La Dolce Vita in Lan Kwai Fong. Trotz des trendigen Ambientes stehen Nobelbars wie diese in der Tradition der vielen winzigen Hongkonger Nudel- und Garküchen.*

GEGENÜBER *Die Chinnery Bar im Mandarin Oriental Hotel huldigt dem althergebrachten englischen Stil. Erst seit kurzem sind hier auch weibliche Gäste zugelassen, denn jahrelang war das Lokal – very British – ein echter Gentlemen's Club.*

THE CHINNERY

lienische Küche des Va Bene, während Makler im Le Jardin ein Bier nach dem anderen kippen. Beide liegen im Bezirk Lan Kwai Fong auf Hongkong Island.

Das In-Lokal von Island East, dem jungen Hongkonger Geschäftsviertel, ist das Restaurant Q, dessen modernes Design kaum weniger besticht als seine Speisekarte. Manager verzehren hier leckere mediterrane Gerichte, während sie auf ihren Laptops herumhämmern. In Causeway Bay, dem Einkaufsmekka von Hongkong Island, lockt Oscars mit leichter asiatischer Küche in modernen Räumlichkeiten. Die Hotelrestaurants mit ihren internationalen Küchenchefs sind immer ausgebucht. Der Ort zum Sehen und Gesehenwerden ist das im Stil von Philippe Starck gehaltene Restaurant Felix im obersten Stock des Peninsula, von dem aus man einen traumhaften Blick über den Hafen genießt. Die beste französische Cuisine der Insel bekommt man bei Petrus im Island Shangri-La, den besten Fisch bei Yu im Regent, und das Mandarin Grill im Mandarin Oriental enttäuscht niemals.

In Anlehnung an das britische Erbe ist auch der Nachmittagstee zu einer Hongkonger Tradition geworden, zumindest bei den betuchten Ladys, die in der Clipper Lounge des Mandarin Oriental oder der Tiffin Lounge

GEGENÜBER *Die Vornehmheit der Hyatt Executive Club Lounge spiegelt sich in dem auf Hochglanz polierten Marmorboden. Der Klub bietet ein prachtvolles Hafen-Panorama.*

LINKS *Nachtschwärmer, die den grellen Neonlichtern von Lan Kwai Fong entkommen wollen, erwartet im Post 97 eine stimmungsvolle Atmosphäre.*

OBEN *Betuchte Hongkonger schätzen ein Dinner im Va Bene, das in rustikal italienischem Ambiente exzellente Gerichte serviert.*

LINKS *Der Cohiba Cigar Divan im Mandarin Oriental Hotel auf Hongkong Island ist nicht nur nach dem berühmtesten Exportprodukt Kubas benannt, sondern verfügt auch tatsächlich über eine immens große Auswahl an Havanna-Zigarren.*

GEGENÜBER *Der Nightclub Felix im Peninsula Hotel in Kowloon zeigt unverkennbar die Handschrift des französischen Designers Philippe Starck, der sich hier ganz futuristisch gibt. Grellgrün und Rubinrot leuchten die gläsernen Konstruktionen, die, auf dem Kopf stehenden Flaschen gleich, als Bartische dienen.*

RECHTS *Minimalistisch in Design und Grundriss, bietet die Herrentoilette des Felix doch gleichzeitig eine unbezahlbare Aussicht über Kowloon.*

RECHTS UNTEN *In Lan Kwai Fong eröffnen fast wöchentlich neue Nachtklubs, doch bislang konnte der Club 97 seine Stellung als Mekka der Hongkonger Nachtschwärmer halten.*

im Grand Hyatt Scones und Petit fours knabbern. Im Joyce Café werden die Kuchenplatten ab 17 Uhr weggeräumt und gegen die besten Martinis der Stadt getauscht. Häufig schließt sich der Nachmittagstee an einen Termin im renommierten Kosmetikinstitut an, Le Salon Orient Beauty, wo man sich in palastartiger Umgebung verwöhnen lässt.

Die Gatten der Damen, aber auch (zur Zeit) unverheiratete Industriebosse treffen sich derweil zum Rauchen im Tabacalera Cigar Divan des Island Shangri-La oder im Cohiba Cigar Divan des Mandarin Oriental, deren Auswahl an Havanna-Zigarren ihresgleichen sucht.

Wer es traditionell chinesisch liebt, ist im Luk Yu Tea House richtig, wo die Ober Dim sum von Bauchläden servieren und die Rechnung auch heute noch auf einem Abakus addiert wird – Nostalgie pur! Vornehmer speist man im Fook Lam Moon, das zu den teuersten, aber auch besten chinesischen Restaurants Hongkongs zählt.

Das Nachtleben tobt im JJ's, California's und im Club 97, dem ältesten und doch modernsten Klub der Stadt, während auf den neonerleuchteten Straßen von Wanchai exotischere Etablissements lautstark um Kunden werben.

Denn wie die hiesigen Hochhäuser der Skyline von Manhattan gleichen, ist auch Hongkong – genau wie New York – eine Stadt, die niemals schläft. 完

UNTEN *Der Cohiba Cigar Divan im Mandarin Oriental Hotel offeriert das passende Ambiente zum Genuss der edelsten Zigarren der Welt. Der Rauchersalon ist mit gemusterten spanischen Kacheln gefliest, und der warme Ton von Leder und Mahagoni lässt an Kuba denken, während geschickt positionierte Leuchten die Illusion schwebender Rauchringe hervorrufen.*

GANZ UNTEN *Zwischen den sandigen Buchten und Felsküsten an der Südseite von Hongkong liegt Repulse Bay, ein goldener Strand, hinter dem sich dicht bewaldete Hänge erheben. Zu seinen Anziehungspunkten zählt The Verandah, ein einladendes Restaurant im Kolonialstil, das ursprünglich zum Grandhotel Repulse Bay gehörte und in dessen eleganten Räumen die Zeit scheinbar stehen geblieben ist.*

OBEN *Die Bergkette, die entlang der Südseite von Hongkong verläuft, bildet einen malerischen Hintergrund zu dem perfekt gepflegten Fairway des Shek-O-18-Loch-Golfplatzes (nur für Mitglieder). An der benachbarten Bucht Shek O findet man einige der luxuriösesten Anwesen der Insel.*

GEGENÜBER *Wenn sie nicht selbst zum Essen ausgehen, laden diejenigen Hongkonger, die über den nötigen Platz verfügen, ausgesprochen gerne Gäste ein. Diese Villa im mediterranen Stil, zu der ein parkartiger Garten gehört, liegt hoch über der berühmten Happy-Valley-Rennbahn und bietet auch Raum für größere Empfänge. Vom Speisezimmer aus führen weiße Fenstertüren zu einer repräsentativen Veranda, an die wiederum ein Swimmingpool grenzt.*

KLEINER HONGKONG-FÜHRER

访客指引

EINKAUFEN

RONALD ABRAM JEWELLERS
Mandarin Oriental Hotel
5 Connaught Road, Central
Tel. 2810 7677

BOOKAZINE LTD
Room 102/03
Alexandra House, Chater Road, Central
Tel. 2521 1649

ASCOT CHANG SHIRT MAKERS
MW6 Peninsula Hotel,
Kowloon
Tel. 2366 2398

A-MAN HING CHEONG TAILORS
Mandarin Oriental Hotel,
5 Connaught Road, Central
Tel. 2522 3336

LANE CRAWFORD
Levels 1-3, The Mall,
1 Pacific Place
Tel. 2454 3564

CHRISTIAN DIOR
Erdgeschoss, St George's Building,
2 Ice House Street, Central
Tel. 2526 0912

HERMÈS
Erdgeschoss,
08-09 The Galleria, Central
Tel. 252S 5900

JOYCE
The Galleria,
9 Queen's Road, Central

MARGUERITE LEE
The Galleria,
9 Queens Road, Central

KAI YIN LO JEWELRY
Shop 373, Pacific Place,
88 Queensway, Admiralty
Tel. 2524 8238

PETRUS AND LA TABACALERA
Island Shangri-La, Pacific Place,
Supreme Court Road, Central
Tel. 2877 3838

LE SALON ORIENT BEAUTY
13 Duddell Street,
Central
Tel. 2524 7153

SEIBU
Unit 110, Pacific Place,
Admiralty

SHANGHAI TANG
Erdgeschoss, Pedder Building,
12 Pedder Street, Central
Tel. 2525 7333

STANLEY MARKET
Temple Street, Tsimshatsui

EINKAUFSZENTREN

THE LANDMARK
Des Voeux Road, Central

PACIFIC PLACE
Queensway, Admiralty

PRINCE'S BUILDING
Chater Road, Central

SWIRE HOUSE
Connaught Road, Central

KUNST & ANTIQUITÄTEN

ALTFIELD GALLERY
248.9 Prince's Building
10 Chater Road, Central
Tel. 2537 6370

BANYAN TREE
Prince's Building,
10 Chater Road, Central
Tel 2523 5561

GRACE WU BRUCE
701 Universal Trade Center,
3 Arbuthnot Road, Central
Tel. 2537 1288

CHINA ARTS & CRAFTS
Star House, Salisbury Road,
Tsimshatsui

HANART T Z GALLERY
The Old Bank Of China Building,
Bank Street, Central
Tel. 2526 9019

CHARLOTTE HORSTMANN & GERALD GODFREY LTD.
Ocean Terminal Kowloon
Tel. 2735 7167

SANDRA WALTERS
28 Arbuthnot Road, Central
Tel. 2522 1137

RESTAURANTS & CLUBS

BENTLEY'S
The Basement, Prince's Building, Central
Tel. 2868 0881

CALIFORNIA'S
California Tower, Lan Kwai Fong, Central
Tel. 2521 1345

THE CHINA CLUB
12th Floor, The Old Bank of China Building Bank Street, Central
Tel. 2840 0233

CLUB 97
9 Lan Kwai Fong, Central
Tel. 2810 9333

COO SEIBU
The Mall, Pacific Place 88 Queensway, Admiralty
Tel. 2971 3333

FELIX
Peninsula Hotel, Salisbury Road, Kowloon
Tel. 2366 6251

FOOK LAM MOON
35 Johnston Road, Wanchai
Tel. 2866 0663

GADDI'S
Peninsula Hotel, Salisbury Road, Kowloon
Tel. 2366 6251

GODOWN
Hotel Furama Kempinski, 1 Connaught Road, Central
Tel. 2524 2088

GRISSINI'S
Grand Hyatt Hotel, 1 Harbour Road, Wanchai
Tel. 2588 1234

LE JARDIN
10 Wing Wah Lane, Lan Kwai Fong, Central
Tel. 2526 2717

JJ'S NIGHTCLUB
Grand Hyatt Hotel, 1 Harbour Road, Wanchai
Tel. 2588 1234

JOE BANANAS
23 Luard Road, Wanchai
Tel. 2529 1811

JOYCE CAFE
Exchange Square, Central
Tel. 2810 0807

LUK YU TEA HOUSE
24 Stanley Street, Central
Tel. 2523 1970

MANDARIN GRILL & CAPTAIN'S BAR
Mandarin Oriental Hotel, 5 Connaught Road, Central
Tel. 2522 0111

MICHELLE'S
2 Lower Albert Road, Central
Tel. 2877 4000

OSCARS
Podium 3, World Trade Centre, 280 Gloucester Road, Causeway Bay
Tel. 2861 1511

PEAK CAFE
121 Peak Road, The Peak
Tel. 2849 7868

Q
33 Tong Chong Street, Quarry Bay
Tel. 2960 0994

STANLEY'S FRENCH
Stanley Main Street, Stanley
Tel. 2813 8873

STANLEY'S ORIENTAL
90b Stanley Main Street, Stanley
Tel. 2813 9988

TALK OF THE TOWN
34th Floor, 281 Gloucester Road, Causeway Bay
Tel. 2837 6786

THE VERANDAH
109 Repulse Bay Road, Repulse Bay
Tel. 2803 1001

Tokio Joe
16 Lan Kwai Fong, Central
Tel. 2525 1889

Va Bene
58-62 D'Aguilar Street,
Lan Kwai Fong, Central
Tel. 2845 5577

Wyndham Street Thai
38 Wyndham Street,
Central
Tel. 2869 6216

Yu
Regent Hotel,
Salisbury Road, Tsimshatsui
Tel. 2721 1211

HOTELS

Conrad
Pacific Place,
88 Queensway, Admiralty
Tel. 2521 3838

Hotel Furama Kempinski
1 Connaught Road, Central
Tel. 2525 5111

The Grand Hyatt
1 Harbour Road, Hong Kong
Tel. 2861 1234

Island Shangri-La
Pacific Place,
88 Quensway,
Admiralty
Tel. 2877 3838

The Mandarin oriental
5 Connaught Road, Central
Tel. 2522 0111

Marriott
Pacific Place
88 Queensway, Admiralty
Tel. 2810 8366

The Peninsula
Salisbury Road,
Kowloon
Tel. 2366 6251

The Regent
18 Salisbury Road,
Kowloon
Tel. 2721 1211

Ritz Carlton
3 Connaught Road, Central
Tel. 2877 6666

Shangri-La Kowloon
64 Mody Road, Tsimshatsui
Tel. 2721 1111

MUSEEN

The Hong Kong Museum of Art
Salisbury Road,
Tsimshatsui

The Hong Kong Museum of History
58 Haiphong Road,
Kowloon Park, Kowloon

Middle Kingdom
Ocean Park, Hong Kong
Tel. 2552 0291

Museum of Chinese Historical Relics
Causeway Center,
28 Harbour Road, Wanchai

Museum of Tea Ware
Flagstaff House,
Hong Kong Park

Sam Tung UK Museum
Kwu Uk Lane,
Tsuen Wan, New Territories

Sung Dynasty Village
Kowloon
Tel. 2741 5111

SPORT & FREIZEIT

The Hong Kong Golf Club
Fanling, New Territories
(Drei 18-Loch-Plätze)
Tel. 2670 1211
Deepwater Bay
(Ein 9-Loch-Platz)
Tel. 2812 7070

Hong Kong Jockey Club
Happy Valley
Tel. 1817 Enquiries

Royal Hong Kong Yacht Club
Kellett Island,
Causeway Bay
Tel. 2832 2817

Simpson Marine
Dschunken-Vermietung
Tel. 2555 8377

Victoria Park
Tennis & Squash
Causeway Bay
Tel. 2570 6186

REGISTER

Bildnachweis/Danksagung

Fotos
Weitere Fotos von:
Pascal Blancon 30, 31, 52, 68, 200, 202 or, 208 ol, ul
Keith Macgregor 4, 58, 100, 144, 190, 201
Mit freundlicher Genehmigung von Grace Wu Bruce Co. Ltd. 13, 192 l, 195 ur, or, 196 ul, 199 ur
Mit freundlicher Genehmigung von Altfield Gallery 163
Mit freundlicher Genehmigung von Post 97, 205 ol
Mit freundlicher Genehmigung von Hanart Gallery 198
Mit freundlicher Genehmigung von Sandra Walters 196 ol
Mit freundlicher Genehmigung von Shanghai Tang 161, 202 ol
Mit freundlicher Genehmigung von La Dolce Vita 202 ur

Legenden zu den eingestreuten Hongkong-Fotos
Traditionelles Hongkonger Lebensmittelgeschäft (S. 6)
Blick vom Hongkonger „Hausberg" The Peak über den Hafen; links im Bild Kowloon (S. 10–11)
Blick über Buchten und Strände der New Territories (S. 58–59)
Ein typischer chinesischer Drache, wie er bei den traditionellen Festzügen durch die Straßen getragen wird (S. 100–101)
Der Man-Mo-Tempel, Ecke Hollywood Road. Bei den Spiralen handelt es sich um Räucherwerk, das als Opfergabe entzündet wird (S. 144–145)
Straßenszene im belebten Viertel Wanchai auf Hongkong Island (S. 190–191)
Die Happy-Valley-Pferderennbahn (S. 213)

Danksagung
Besonderen Dank schuldet der Verlag Benjamin Creutzfelt von Christie's für seinen Beitrag zum Kapitel „Östliche Dekorative Kunst" sowie Simon Jackson für all seine Hilfe. Darüber hinaus gilt unser Dank Garrison Rousseau, Altfield Gallery, Grace Wu Bruce, Sandra Walters, Hanart Gallery, Alison Henry Design, Hazel Wong, David Tang, Lynn Henchman, Karen Howes von The Interior Archive, Libby Willis, Peggy Vance, dem Mandarin Oriental Hotel sowie natürlich all jenen, die uns großzügigerweise gestatteten, ihre Häuser zu fotografieren.

Für die Innenaufnahmen wurden mit freundlicher Unterstützung von Kodak Film Hong Kong Kodakfilme verwendet.